錢穆先生全集

錢穆先生全集

［新校本］

中國學術思想史論叢

（九）

九州出版社

圖書在版編目（CIP）數據

中國學術思想史論叢 .9 / 錢穆著 . -- 北京：九州出版社，2011.5（2020.12 重印）
（錢穆先生全集）
ISBN 978-7-5108-0894-4

Ⅰ.① 中… Ⅱ.① 錢… Ⅲ.① 學術思想 - 思想史 - 中國 - 文集 Ⅳ.①B2-53

中國版本圖書館 CIP 數據核字（2011）第 046739 號

中國學術思想史論叢（九）

作　　者　錢　穆　著
責任編輯　李　勇　周弘博
出版發行　九州出版社
裝幀設計　陸智昌　張萬興
地　　址　北京市西城區阜外大街甲 35 號
郵　　編　100037
發行電話　（010）68992190/3/5/6
網　　址　www.jiuzhoupress.com
印　　刷　三河市東方印刷有限公司
開　　本　635 毫米 ×970 毫米　16 開
插頁印張　0.25
印　　張　17.5
字　　數　199千字
版　　次　2011 年 5 月第 1 版
印　　次　2020 年 12 月第 3 次印刷
書　　號　ISBN 978-7-5108-0894-4
定　　價　498.00 元（全十冊）

目次

現代中國思潮

一

「變」是宇宙間一常態。上自星辰，下至地球上有生無生，時時處處物物皆在變之中。無一時無一處無一物而不變。亦可謂時間即是一變，宇宙間只要時間存在，即是變之存在。人類至少在地球上一切物中最易變。五十萬年乃至一百萬年以上之原始人類，尚與其他獸類無大相異，其變亦尚少。下至一萬年來進入歷史文化之人類，始與其他獸類不同。於自然之變之外，又增入了人類自身好變求變的一分人爲之變，而其爲變乃始甚。

「不識廬山眞面目，只緣身在此山中。」人類日常處於變之中，乃多苦於不識變。嬰孩最易變，而嬰孩不自知。少壯亦多變，而少壯亦不自知。然此尚以自然之變爲多。進入中年，人爲之變紛起迭乘，亦使人不易知。抑且人爲之變，依然在自然之變之內。既不能違背自然之變以爲變，又不能脫離自然之變而自爲變，而又好變求變，不肯一依自然之變，必增入人爲以爲變。人類種種得失禍福，胥由此起。

故人不憂不變，當求知變，知如何以爲變。首當知先事備變，次當知隨事應變，進而當知導變防變。猶如防水，須防其横斜雜出，泛濫無歸以爲害；又當導之有道，使之循行安流以爲利。人之求變，本爲功利，然亦必變之有道。道義之與功利，若相反，實相成，其事更不爲人所易知。

二

近代國人，每怪己之不能變。實則此一百年來，爲變已甚。今日大陸，已變至驚心動魄、水深火熱，成爲人類稀遘之浩刼。此皆由百年來國人好變求變心切，而又導變無方，遂以至此。最先康有爲倡言變，其言曰：「緩變不可，必當速變。小變不可，必當全變。」不知凡變必經一段時間過程。孔子曰：「欲速則不達。」孟子曰：「揠苗助長而苗槁矣。」老子曰：「飄風驟雨不終朝。」此皆戒人勿求速變。變之後，又必有繼續。其作始也簡，其將畢也鉅。從小處變，其果必大。從大處變，其變難繼。盈天地間，亦無一事物可全變。

乃不幸近百年來，康氏之説，竟成爲吾國人一共同心理。康氏本僅言變法，繼起而有民初之「新文化運動」。最先爲推行白話文。此變若不大，然只推行三十、五十年，俾可使國人漸不能讀百年前古書，可使國人對百年前古書無興趣，僅賸少數人抱殘守缺。則中國舊文化，到時亦將不打自倒，不推自翻。既已不絕如縷，便可暫置於不論不議之列。然而仍不足以滿足當時國人好變求變之心情，於是又提出「打倒孔家店」口號。如是則中國古書，十八九當束高閣，無人理會。然而亦仍不足以滿足當時國人好變求變之心情，於是又有「線裝書扔毛厠」之口號。猶不足，則繼之以「廢止漢字」之主張。果若此，康氏之「速變」、「全變」，當可謂已完全達成。所遺留不變者則只是中國人之膚色形貌軀殼而止。是豈不可怕之甚乎？

然而猶不足以滿足當時人心情，於是乃有共產主義之繼起。因新文化運動，似乎只針對少數智識分子，針對歷古相傳之學術思想，多藏在故紙堆中。只求在此等處變，其變尚緩尚小。乃轉移目光，朝向當前社會大眾一切現實生活而作一番急劇之推翻與打倒。其間如陳獨秀，乃由白話文運動一轉身而唱爲新文化運動，又一躍而轉進爲共產主義之運動。可徵此三者，實乃一氣相承；但非如長江大河之循流以達海，乃如洪流橫溢之終至於陸沉。而肇其端者，則實爲康氏。康氏從事保皇復辟，其政治生涯已失敗。而其「速變」、「全變」之思想影響，則不僅存在，抑且變而益厲。即如其所爲之大同書，其設想之不顧現實，怪誕離奇，惟求一變故常以爲快者，較之共產主義，實尚遠在其前。果使國人只知好變、求變，只望速變、全變，則康氏此書之所想望終必實現；而其爲掃蕩毀滅者，又何止如今日！

三

試旁觀吾近鄰日本。明治維新，乃以天皇萬世之一統政府而圖謀富強，俾獲自衛自保。此在當時亦本不作大變。舊風俗、舊文物、舊信仰、舊傳統，日本之所以爲日本者固一切自若。其所以易於有成者亦在此。然而移步換形，變不易知，轉瞬違其初衷，慕效西方帝國主義，進而爲無限之侵略，乃終至於一敗墮地。而經此大挫折，一時人心茫然，不知所歸向，惟從產業經濟之頹垣殘壁中暫謀棲庇。其意初若無他求，乃亦幸獲成功。然以此較之明治維新，則日本此不到二十年來之所變實遠爲速而大。社會根本，傳統基礎，亦已無不隨而變。其前途之可憂，將斷不在上次挫敗之下。舉此爲例，可見變之非難，而知變之實難。惟知變乃始能明變、應變、備變、防變，而善導其變。此則非少數具大智慧大修養人不足以勝任。明治維新，只因其是由少數領導多數，故得成功。而今日之日本，乃成爲一多數無領導之社會。不論在政治上、思想上，苟非有少數人領導，則多數無領導人只在不知不識中求變，其變自會加速日大，而終至於無前途。

抑且變必求其成。莊子曰：「美成在久，惡成不及改。」成之美惡，在事前亦非多數能知。多數則只求速，只求易，只在可見處求，乃易集中注意在物質經濟上。如人穿一新衣，住進一新屋，其人則依然故我，並不遽變爲一新人。但多數只求變衣變屋，以爲如此則己之爲人亦已變。殊不知深一層言之，衣屋之變尚微，在衣屋未變之先，而其人只知在衣屋上求變，則其人之本身早已變。心胸變而日陋，品格變而日卑，而其人苦於不自知。今日日本之物質經濟，已遠勝於明治維新時代，其事人人易知。然若論今日日本全國人之心胸品格，以與明治時代相比，孰勝孰劣，孰進孰退，則非少數具有深識人莫能辨。

以此回視吾中國，當時爲求應變，亦且非可不變。但日本地狹民寡，歷史短，爲變易。中國地大民眾，歷史長，爲變難。而當時之滿清政權，又爲一切求變之障礙，非排滿即難變。然亦因此而使兩千年來我之傳統政治亦隨而變。故中國之辛亥革命，較之日本之明治維新，其變已遠爲速而大。揣之當時中山先生之意，似乎認爲清政權已倒，革命事業即暫可告一段落，故乃毅然讓位，推袁世凱出任民國第一任大總統。並願以在野身分，從事全國造路植樹。其意若謂如此庶使政局暫臻安定，可由急變轉回到緩變。而不幸其意乃不爲當時多數人所瞭解，總統制、內閣制爭議日烈，引生出宋教仁事件，於是國內重趨分裂，中山先生乃不得不再起領導革命。但窺中山之意，似乎始終一貫仍主緩變。故三民主義之最先，即爲民族主義。其時新文化運動既已甚囂塵上，但中山先生則顯然在民族傳統文化上不主變。其次民權主義，權在民而能在政，多採傳統政治意義，不偏主服從多數，則其爲變亦緩。至於民生主義，在求調和資本自由與共產極權兩者之間，其意亦不務求速變。即論其「軍政」、「訓政」、「憲政」之三階層，亦明顯預留一段時間經過，可資爲變過程之斟酌。中山先生手創民國，可謂已製造了中國歷史上創古未有一大變。但在此一百年來之中國時代思潮裏，實惟中山先生，不主速變全變，而始終抱持一種緩變漸變之穩健意態，可懸爲此後國人一極值鄭重深慮之教訓。

四

繼此當略論中西文化比較。近代國人好變求變，顯受西方影響。但中國歷史非不變，抑且隨時逐步有變。而近代國人心理，則若自秦以下兩千年，總是一帝王在上，孔子儒家在下，認爲永無變。愼細按之史實，其實決非如此。但中國歷史儘變，並不曾變像西方。此亦如西方歷史儘變，亦未曾變像中國。此乃雙方文化精神與文化體系之不同。大抵西方所變，更重在外面物質上。而中國人言變，則重在人生內心精神上。故中國人好言「全體」，好言「根本」，好言「及時奮起，即知即行」。此從人心精神、人品德性上言變則宜如此。古人云：「惟聖罔念作狂，惟狂克念作聖」，豈不在一念之間而已速變、全變？康有爲弟子梁啟超，每謂「不惜以今日之我反對昨日之我」，此尚不失中國人傳統言變所重之義。但人格之變與世事之變，對象不同。西方人言變，則是另一套。羅馬帝國已覆亡，文藝復興已過去，但此兩大變之物質遺跡，則依然存在。近代意大利，因受此兩時代物質遺跡之重大拘束與壓迫，再黜不過身，再抬不起頭。法國革命亦已過去，但拿破崙凱旋門依然矗立，爲巴黎全市作中心，其影響亦直透進現代法國人心靈中而無可洗剔。西方人言政體，神權、王權、民權，逐步演進；但倫敦西敏寺、白金漢宮與英國國會比肩並存。就其物質建設之已成形勢言，極難想像其此下之如何爲變。美國在新大陸赤地興起，爲時僅四百年；其獨立成國，不過兩百年；但其物質建設方面，亦已趨定形。如華盛頓、紐約諸大都市之規模，乃及其全國之高速公路網等種種形勢，亦復難有大變。故言西方歷史精神，主要正表現在其物質建設上。其生命精神，則亦同樣受物質之支撐。因此當前阿剌伯石油漲價，便已幾可扼殺西方之生機。此乃西方文化向前演變一條大路。而中國文化傳統則不然。中國歷代，未嘗不有變，但變之主要每在人，不在物。中國聖哲又明主人之爲變，貴能脫出外面物質條件之種種拘束壓迫而爲變。故如長安、洛陽，其成爲國家中心者已近兩千年，而一旦破壞，並不妨害了中國文化傳統之續進續變。西方則大不然。古羅馬人已無蹤影，而其鬪獸場則仍未全塌。耶穌十字架精神可以迷失，而梵蒂岡建築仍完好保留。返視中國，如曲阜之闕里、孔林，以物質建設言，僅堪供憑弔，不足資觀瞻；但孔子精神，則長在中國人心中，深不可拔。舉此爲例，可證東西雙方文化演變一大不同。

惟其西方人之文化生命，乃寄放在物質上。而物質建設，則必賴羣衆之通力而合作。求羣衆之通力而合作，則必待有組織。羣衆在此集體組織之下，則惟知求解放與自由。即如近代西方資本社會之工商企業，何一不待多數羣衆參加？在先是少數指揮多數，逐步演變，可轉換爲多數挾制少數。若緩變、漸變，則有如大罷工。若速變、全變，則成爲共產主義之階級鬭爭。所不幸者，多數羣衆每每不知變，而又急求變。此則變之前途，終將爲人所不知。在自然之變中忽然變有人，人固茫然不知，此猶可說。在人爲之變中，而變起於多數，亦復茫然不知其所變，則其後果必可慮。就多數言，其所欲變者，必在外面物質上；乃不知其所變之必一一回向於人之內心。變人心而無明確之領導，則必爲人類前途一大危機。

五

中國人言變，主要更重在變人，而不重在變物。欲求其人之變，則必待其人之自由，必待其人能不受外面種種物質條件之拘束與壓迫。如舜與周公，同爲一孝子，然此兩人之生活環境乃絕不同。即以舜與周公爲例，可知每一人各得自由成爲一孝子。故中國古人主要在求變人之德性。德性變，斯一切事業與功利亦隨而變。若只重外面物質建設與功利事業，則臺灣人亦儘可深入山地開發，一如美國人之西部開發然。豈不亦可逞心如意，造成臺灣一大變？然在臺灣，乃挺生一吳鳳。吳鳳之殺身成仁，則在其一念間。斯志一立，吳鳳亦即成爲千古人物。如此始爲速變、全變，而亦人人可能。亦由此乃使臺灣山地人不與美國西部紅印度人同一命運；而臺灣之山地開發，則不過緩以待之，其事固可漸變以至。故知如康有爲之主張速變、全變，一若其事可即在眼前當下，此亦仍是中國傳統文化之所理想。惟當切就人之內心言，不當轉向外面物質言。孔子曰：「爲仁由己」，中山先生言：「革命須先革心」，即以吳鳳其人言之，其義豈不彰著甚顯？孔子又曰：「民可使由之，不可使知之」，此語大爲今日國人所詬病。其實中山先生亦言「知難行易」，正亦與孔子語同一意義。蓋指人事一切變，皆從內心深微處起，其意義乃不爲多數羣眾所易瞭解也。故使今日國人，苟對自己傳統文化精義，不能有更深一層之認識；則恐即如對中山先生之三民主義與其一切訓言，亦終無可有深入之發明。而止望多數人在目前物質上求變，則亦惟有求緩求漸，庶可減少此下不可逆料之危機。此則只觀六十年來之民國史，乃及當前世界情況，亦可約略窺見其消息也。

（一九七五年四月三十日臺灣中華日報副刊）

現代中國之思想界

一

現時代之中國，乃值歷史上前所未有之一大變動時代。尤其有關文化傳統之思想、觀點方面，搖撼震盪，紛歧錯雜，更爲前世所未見。遠自民元前七十年鴉片戰爭，民元前六十二年洪秀全起事，外患內憂，交乘迭起。此時中國，已處於一不得不變之開始。而萬變不離一大關鍵，是即爲中西文化之新舊衝突。洪秀全固是一民族革命者，然其在文化觀點上，頗有破舊開新，一掃中國固有而改採西化之趨向。如其尊耶穌爲「天兄」，自稱「天弟」。國號「太平天國」，自稱「天王」。實創中國自古所未有。彼亦頗有新政，如禁婦女纏足、禁蓄妾、禁娼妓、禁賣買奴隸等，此等皆從慕效西化來。乃亦所至焚學宮，毀孔子木主，燒寺院廟宇神像，即民俗共所崇奉之關、岳亦所不免。曾國藩起湘軍，檄討洪秀全，謂其「舉中國數千年禮義人倫，詩書典則，一旦掃地蕩盡」，乃號召一輩讀書識字人起爲中國文化傳統求爭存。此一對立形勢，洪秀全可謂是現代中國一百三十年前之「革新派」，而曾國藩乃是當時之「守舊派」。此下自前清之咸、同、光、宣四朝，下迄民國，直至於今，革新、守舊，永遠成爲此一時代中之一項大爭執，而要之「求變」則爲雙方之共同歸趨。

有主從中國本身內部求變，因以迎合世界新潮流，採納西方新風氣，而仍不失我自己之舊傳統；此是守舊一派，但亦以創新爲目標，今可稱之爲「和平穩健派」。有則主張先破毀自己舊傳統，以便世界新潮流、西方新風氣之順利輸入；此是革新一派，乃先以破舊爲手段，今可稱之爲「激烈急進派」。此兩派既同主中國之變，本當會歸合一，同舟共濟。而論其內情，則甚爲複雜。意見既各不同，進程亦互有異。孰當守，孰當革？孰爲先，孰爲從？彼此分歧，驟難作一明顯之劃分，因此亦驟難得一妥愜之調和。

二

在清末民初之際，孫中山與康有爲，又形成一對立。中山先生力主革命排滿，論其政治立場，似近洪秀全；但從其文化立場言，則頗近曾國藩。試觀其手創之三民主義，亦求盡量迎合世界潮流，採納西方風氣，極多開新之一面。然其崇重中國自己文化舊傳統，力主保留，只主在自己傳統中求變，絕不有毀棄自己傳統以爲變之主張與理論之迹象，此則讀其書而可知。

康有爲則不然。就其政治立場言，僅主維新變法，不主排滿革命，頗似近於曾國藩；但就其文化立場言，卻實似近於洪秀全。在前清時，康氏曾著有新學僞經考及孔子改制考兩書，曾遭清廷下令焚禁。康氏此兩書，雖若承襲道、咸以下經學中「今文經學」之餘緒，然其內容則越出舊範圍甚遠，其對破壞舊傳統之影響亦特大。依此兩書所言，中國相傳經典，幾乎全出於西漢末王莽時代劉歆一人所僞造。而中國古史唐、虞、三代聖帝明王，生平事蹟，及其政治規模，亦全出孔子一人之「託古改制」，實際上並無此史實。如此說來，則曾國藩討洪檄文所謂「舉中國數千年禮義人倫，詩書典則，一旦掃地蕩盡」者，豈不可移以責康氏？而康氏又爲大同書，描繪其所理想之新社會，較之曾氏所謂「禮義人倫一掃蕩盡」者，既屬信而有據，亦復超出甚遠。

故此清末民初思想上之兩大派別，中山先生在實際政治上似近急進，而在文化體系之大傳統上，實當歸屬於和平穩健守舊之一派。康有爲在其政治立場上似近守舊，而就其對於文化體系之大傳統言，實當爲激烈急進革新之一派。但國人一時不能深切瞭解，乃轉認中山先生若爲一革命黨人，而康有爲之在固有文化上，乃若爲一守舊者。

三

又且中山先生之政治主張，似乎第一步既已排斥了滿清皇室，此下即可和平求進；故其自身，即將臨時大總統職辭去，轉爲一在野黨人，願從事於全國道路交通事業之改進。以如是之穩健姿態，就於求變言，若其進度乃不得不稍遲。而兼以袁世凱洪憲稱帝，即其政治革命事業，亦中途受挫。一時乃更不滿於一意求急進者之所希望。而同時如日本之「二十一條件」，乃及「巴黎和會」之壓迫等，又進而益烈。於是「新文化運動」乃應時躍起，轉政治革命爲文化革命，「打倒孔家店」、「非孝」、「禮教喫人」，甚至「線裝書扔毛厠」、「廢止漢字」、「全盤西化」等，種種口號，一時風起雲湧，甚囂塵上。康有爲偕張勳復辟運動失敗，其政治生命已告終結；而自知其學術生命，則正可與當時之新文化運動沆瀣一氣。於是避居北京美國公使館，重印其舊著新學僞經考，大獲一時傳誦。與新文化運動中之「疑古辨僞」一派，作桴鼓之相應。而中山先生之講演三民主義，其事尚在後，乃絕不受當時新文化運動之沾染。斯亦所謂難能可貴矣。

但求於守舊中開新，其事須種種條件配合，又須得大智慧者作領導，按部就班，積以歲月，乃獲有成。若求以破舊爲創新，破舊事人人能爲。而就中國之文化傳統、社會風尚言，每每重視在野之學術，尤過於在上之政治。中山先生雖手創民國，其功甚偉，多數人僅目以爲只屬一政治人物；而康有爲乃以學者與思想家頭銜，轉易得人之注意與重視。當時新文化運動亦重此而忽彼，正爲此故。

惟當時之主以破舊爲創新，雖若與清末民初派遣留學生出洋有關，而實則未必盡然。東西雙方文化傳統不同，國情民風亦各有異。留學生身履國外，所知稍多。及其回國，或則篤舊懷古，或則調和斟酌，極多不滿當時新文化運動之所爲。而極端主張推翻舊文化、破除舊傳統，作爲驚動一世之新言論者，其人往往未出國門一步，不識西文，不能讀西方書；其所眞接觸之所謂世界新潮流，西方新風氣，實殊有限。見其表，未見其裏；知其一，未知其二。猶之爲可，乃亦有捕風捉影，道聽塗說之輩。彼輩所知僅屬幾本線裝書，乃可貌爲開創，盡情破壞。即以孫中山與康有爲相較，中山先生所知新的一面，遠當超過康氏十百倍以上。康氏後來亦曾薄遊歐陸，歸來後，著爲歐洲十一國遊記一書，轉而崇舊抑新，意態乃大異於往昔。所惜其所知於舊者，實亦未嘗能增益於其往昔之所知。徒自徘徊往復於東西新舊之間，而不能沉潛探索，有確切之深知；此則徒益紛擾，於所爭又何補？至如所謂「隻手獨打孔家店之老英雄」四川人吳虞，其所接觸之新知識，較之康氏，膚淺狹窄，更難相提而並論。

欲守舊，不能不知新。欲創新，亦不能不知舊。此屬一知識問題，非意見問題。中國文化舊傳統已歷三、四千年之久，其間千門萬戶，又屬相通合一。若果茫然不知，試問從何處可以急切破得？西方文化，歐美諸邦，亦復有同有異，有得有失；自經兩次世界大戰以迄於今，一切亦在急劇變動中。

我縱仰慕於彼，求所效法，取捨從違抉擇之間，在在須有眞知灼見。而民初新文化運動之口號，襲取龔定菴詩，只曰「但開風氣不爲師」，不教人以好學深思；而騰之口舌，譁衆取寵。受其害者，乃爲血氣方壯之青年。一旦風氣已成，驟難挽回，而國運乃亦隨之以俱頹。

四

新文化運動之後，繼之有共產主義之披猖。共產主義得在中國生根發脈，不得不謂其先起之新文化運動之有以啟其機。即就陳獨秀一人之先後轉變，即可明白作證。毛澤東未進大學，不讀西書，其對於所謂西方新潮流、新風氣之知識，更無淵源可尋。周恩來之徒，以赴法「勤工儉學」開始，既未嘗一日眞從事於所謂「工」，亦未嘗一日眞從事於所謂「學」。此皆徒務於口耳之間，宣揚共產，既無當於思想，亦更說不上信仰。然而獲得絕大多數之盲從，而終至於橫決潰爛，不可收拾。

早在中山先生時，共產思想已泛濫。而身當其衝者，則爲繼起之蔣總統。遠自北伐統一，中經抗日戰爭，直至於今退出大陸，遷來臺灣，此五十年來，爲中國民族莫大之威脅者，軍閥之割據，外寇之入侵，猶皆其次；而國內思想界之混亂，始終未臻清明寧定之一日。中西、新舊，在文化上之何去何從，若有對立而實未明白顯出此對立之兩壁壘。處處如葛藤糾纏，既不能如快刀之斬亂麻，急切間又不能條分縷析，理出一頭緒。而於是最極端、最激烈、最急進之共產主義，乃得潛滋暗長，終爲現代中國之大害。

中國文化本富變通性。從歷史言之，自夏、商而西周，而春秋，而戰國，而秦、漢，而魏晉南北朝以下，而唐、宋而迄於元、明、清，其間何嘗非時時有變？抑且每變得通，而仍不失其大傳統之一貫相承。以經歷如此一長時期之文化傳統，若惟求能徹底一變以爲快，其事乃萬萬不可能。中山先生言：「知難行易。」不幸我國人此一百三十年來，乃都不免好其易而惡其難。而尤以知識分子之在領導階層者爲然。我一百三十年來之此一現代中國，乃絕不易找出少數能畢生潛心埋首，從事於學術思想知識方面之深沉尋究之學者，以應此一時代之需要。古人言：「作之君，作之師。」爲君在上，當盡其政治領導之責任。爲師在下，當盡其知識領導之責任。上下相配合，相呼應，而後政治社會始得上軌道。最近此五十年來，蔣公擔負國家重任，戎馬倥傯，軍務叢脞，迄未有寧，而始終不廢讀書，兼及著述。就其在文化立場言，亦始終站在和平穩健守舊，只主在自己傳統中求變之一面。而蔣公亦如孫中山，亦不得謂是中國現代史上一成功之人物。惟共產主義此三十年來之爲禍中國，既已與人共睹；此一百三十年來中國思想界之激烈急進派，亦既已達登峯造極之點；人心倦而思變，不遠之將來，現代中國之激烈急進派思想，勢將失其存在，而後中國前途，乃庶有豸，固無使吾人有悲觀之必要。惟痛定思痛，「殷鑒不遠，在夏后之世」，亦使人有不容已於言之感慨耳。

（本文約成於一九七五年）

維新與守舊

——民國七十年來學術思想之簡述

一

中國近百年來，長在一新舊相爭之過程中。晚清有康有爲、梁啟超之「維新運動」，其意乃求清廷在政治上有一番改革。同時章太炎反對，謂不需變法，只須革命，推倒昏庸腐敗的滿清異族政府即可。至於一切法制，歷代所傳，如田賦、兵役、考試、監察等諸制度，皆有成軌，只須修明，不須改革。孫中山先生似兼採雙方意見，辛亥革命後，又主張五權憲法，中國舊制度與西方新制度兼容並包，融凝合一。然即當時國民黨人，似亦未加體會，未予接納。袁世凱任總統，一時最所爭論者，爲總統制與內閣制，究依美或依英。宋教仁事件發生，而繼之以洪憲稱帝，乃由維新一轉爲守舊，而國是乃大變。

二

繼之有陳獨秀、胡適之之「新文化運動」代之而起。所爭之主題乃由政治擴大至文化之全體。其時最主要者，首爲新舊文學之爭。一切文言文，目之爲「舊文學」、「死文學」、「封建文學」、「貴族文學」等種種壞名稱，務求盡情摒棄。倡爲白話文之「新文學」，始爲「平民文學」、「社會文學」、「活文學」。一時轟動，無可爭辯。就實論之，中國文言與白話分途，自有文字以來即如此。遠自詩、騷，下迄清末，如王闓運、黃遵憲、馬其昶、吳汝綸，即至康、梁諸家，乃至如陳獨秀、胡適之，其先亦莫不爲文言文。則文言文三千年來依然尚在使用中，烏得謂之是「死文學」？只求其能成爲文學即可，何必分新舊，務將其所謂「舊文學」者，盡情打擊，置之於死地而後快？文言文既死，白話文之生命又何由而來？其先如周作人兄弟之域外小說集，仍是文言文，惟內容則爲西方的；此已爲一套新文學。又務求變爲白話文。論其外貌，自文言改爲白話，又似一新，然求其內容，則轉反趨舊。如魯迅之阿Q正傳及孔乙己諸篇，皆採中國舊社會舊材料，惟改翻譯爲創作，而一以譏笑諷刺打擊爲主。如林紓亦用文言文翻譯西方小說，外貌仍是舊的，而內容全是新的。至魯迅一變，外貌全新，而內容轉舊。惟以打擊舊的爲新，則雖新而實舊。真求產生新文學，須有準備，有累積。專求打擊舊文學，於事無補。譬之一家庭，欲求新生，仍當男婚女嫁，從事養育；徒知打擊老人，於事何補？

提倡新文學、打擊舊文學之最大影響，則爲學校教育。幼童識字讀書，即讀白話文，不讀文言文。直至中學畢業，僅能讀五、六十年之新書，不能讀五、六十年前之舊書。乃於中國三千年來之舊文化、舊歷史全無接受，全無記憶。乃至大學畢業，亦僅在文學院肄業者尚能誦覽古書，其他全不能。此如一人忽犯一病，記憶力盡失；此乃一極嚴重之神經病，必急進醫院求醫診治，否則又何以爲人？

只讀白話文，所收效果既不佳，乃進而求創新字體。先作簡體漢字，繼則廢止漢字，求爲羅馬字拼音。此一運動，至今仍在大陸進行。大陸簡體字，海外識字人已不能讀。然則務使中國人不識中國字，乃得成爲一新中國人，除舊布新，豈誠如此之謂乎？

三

新文化運動中，除新文學、新字體之外，又必創新觀念。凡屬舊事物，必給予一新名詞。言以往之政治，必曰「帝王專制」。言以往之社會，必曰「封建社會」。「專制」與「封建」乃用中國之舊字體，而創爲新名詞、新觀念；此種新名詞、新觀念則嶄然來自西方。以西方觀念來衡量中國舊歷史，加以解釋與批評，其事不易。尚憶往年北平師範大學歷史系有「秦漢史」課，秋季開學，新教授上臺，學生即問：「秦始皇以下爲中國封建社會之開始，抑封建社會之結束？」教授答覆不滿意，即被轟去。又新聘人來，仍被轟去。乃來强招余去兼課，幸未被轟。然中國社會之爲封建社會，似至今已成定論。否則中國社會既非封建社會，又非資本主義社會，亦非農奴社會，則究當爲何等社會乎？言政治亦然，中國政治既非民主，又無立憲，則爲君主專制無疑。於今日，凡以前新文化運動時代所引進之新名詞、新觀念，幾於皆漸成定論，無可置疑。苟有不然，即羣目爲異論僻見，可置不問。凡屬新者，則必是。凡屬舊者，即必非。新舊之分，即是非之分。此乃現代中國人之定論。胡適之有新詩，用「過河卒子」一語。但中國象棋卒子過河前，不能後退；過河後，則雖不後退，還能向左右兩旁移轉。適之譬喻失當，此下只有引用，未見疑問。可知近代中國人，新的一切是，舊的一切非，風氣已成，乃絕不有向新的發問置疑之餘地。而新觀念又如潮湧進，陸續不斷。於是近代國人雖口說舊說，筆寫舊字，而其所說所寫之內容，則幾乎全新無舊。面貌雖是一舊中國，精神已全是一新中國。而國人仍不以此爲滿足，依然要「苟日新，日日新，又日新」。這不又回到中國一句舊話上來了嗎？

四

今姑以最近在臺灣流行的兩句話來說。有人最近撰一歌，開始即曰「爭自由，享人權」。三大電視臺日夜廣播，唱此歌詞。聽者亦勿厭勿怪，習以爲常。其實此兩句話六個字，乃徹頭徹尾、徹皮徹骨的外國話，中間充塞了外國觀念、外國情調。「自由」兩字，在中國書中偶見，但不常見。孫中山先生說：「中國人不是自由少了，而是自由多了。」此二語，說透了中國人生與中國文化。國人崇拜孫中山先生，但對此二語卻不喜提及，惟未明白加以反對而已。其實中國人講自由與西方人講自由有不同。道家莊、老較愛講自由，即儒家孔、孟亦多講自由。孔子曰：「爲仁由己，而由人乎哉！」「由己」不就是自由嗎？「仁」爲人生羣居一大道，求能盡此大道，爲人羣中一理想人，其事由己不由人。該由他自己做，不能由他人代替做。讓他自己做，即是許他自由了。中國人那有不讓人做好人，不許人做君子的道理？孔子又說：「君子無所爭。」中國人生最戒爭，最提倡人做好人、做君子；與人以和相處，即是許他自由，又何必爭？

「人權」二字，則中國人從未提起過，亦可謂絕無此觀念。只說人生有「道」，那曾說人生有「權」？人生該做一好人、一君子，此是人生之道。每人能做，每人能行，便夠了。若說人生有權，豈不亦有權做小人、做壞人？如生爲一中國人，想做一美國人，在今天講來，是人權。中國人不加禁止，而且許他做了美國人，同時還承認他是一中國人，身兼雙重國籍，豈不是自由了？而且一中國人，能兼做一美國人，還更受中國人推敬。但照中國古人舊話講，「中國而夷狄則夷狄之」，可「不與同中國」。則中國古人的舊觀念，反而合乎今天西方人的新觀念了。從前是中國人自重，現在則中國人不該自重。自重便是頑固，便是守舊。其實頑固守舊亦是人權，亦該許他自由。但現在中國人則一意要反對中國舊的，豈不轉成爲亦反對了西方的新的嗎？孔子亦爲講了幾句違背西方道理的話，像「君子無所爭」之類，所以要受今天中國人反對，要「打倒孔家店」。

「享人權」的「享」字，更不爲中國人愛講。孔子曰：「士志於道，而恥惡衣惡食者，未足與議也。」中國人講人生，只重守道、行道，不重享受、享用。孟子說：「君子有三樂，而王天下不與存焉。」美衣食，是物質享受，中國古人不看重。「王天下」乃最高的權利地位享受，較之物質享受又高出幾多倍，但亦不爲中國古人所重視。在家中盡「子職」，那能談「子權」！在社會盡「人道」，那能論「人權」！但西方人重「權」，所以要限止別人的權，乃能享受自己的一分權，則必爭。故我說此兩句話六個字，乃徹頭徹尾、徹皮徹骨的外國話、外國人觀念。但今出在不知誰何人之歌語中，即人人同情、人人接受。若講中國觀念、中國道理，遠自孔子，近至孫中山先生，亦會遭人生疑，引起人反對。這是今天的中國社會風氣有如此，誰也不能否認，再加以辯難。此又豈始料所及？

五

今再回溯民、清之際，不論主張維新如康、梁，主張革命如太炎，莫不本於國家民族自己的歷史文化傳統以爲圖樣，而求加以改進。至民初新文化運動起，始大不然。乃求以西方爲圖樣，抹殺自己傳統，以求改進。其事乃一推之於胡適之。實則適之爲人性極和順，好議論，而於實際事務非有深入之觀察，以及堅確之主張。彼初爲文學改良芻議，僅主改良，並不要一氣推翻打倒舊文學。題曰「芻議」，則與堅確主張不同。但陳獨秀因此主張打倒舊文學。劉半農之徒和之，適之亦附和，但非由其主動。一切文字俱在，可作考證。適之於孔門儒學非無異議，自蜀人吳虞唱爲「禮教喫人」之說，適之乃譽之爲「隻手獨打孔家店之老英雄」。則隻手獨打孔家店者，爲吳虞，非適之。惟適之亦未有諍議。非孝、非孔之論，嘩然競起，適之乃被推爲其主。適之提倡西化，亦僅曰「民主」與「科學」，所謂「德先生」、「賽先生」是也。乃嶺南大學陳序經唱爲「全盤西化」之説，適之亦未加駁正，並加以認許。當時新文化運動三大主張，一曰廢止文言文，二曰打倒孔家店，三曰全盤西化，其實皆不自適之發之。而爲功爲罪，一時乃羣加之於適之之一身。今姑試加推闡，則當時之新文化運動，實由一批人你說你話、我說我話，各說各話拼湊而成；非由一人深思遠慮，獨具見解，發爲主張，以形成此運動，而由此一人爲之主腦也。適之曾引龔定庵詩：「但開風氣不爲師」，其實適之固不得爲此一風氣之師。即開風氣，亦非由彼一人開之，特由當時一批人雜湊開之；而適之則如梁山泊上之托塔天王晁蓋，如是而已。

適之幼年，即赴美留學，於本國歷史文化、傳統舊學根柢不深。其在美國，讀其藏暉室日記，可知其西學根柢亦不深。特聞杜威實用主義之緒論，歸而加以宣揚。其爲中國哲學史上編先秦之部，首論研討一家思想，必尋求其時代背景。此即杜威之說。杜威謂哲學尋求眞理，眞理必求實用，如一銀行支票，須能兌現。此乃杜威一人之言，西方哲學本不如此。如讀柏拉圖、康德書，乃及其他各家，何嘗要一一查究時代背景？唯馬克思一人當如此。馬克思自稱其思想爲科學的，而顯見爲是由資本社會中產生。中國思想之傳統，則必與此思想家之時代背景息息相通。孔子「聖之時者」也，孟子曰「知人論世」，時代背景豈不爲中國思想傳統所特加重視？余曾面詢適之：「君主討論思想必先知其時代背景，此固是矣。如君意，欲考究老子思想，必據春秋時代在左傳一書中所詳載者加以推闡。何以君書乃不據左傳，而上引詩三百首；此與老子時代相距已遠，更何相關？」適之答：「此因其時震於清末今文家言，君之劉向歆父子年譜尚未出世，故於左傳一書避不敢引。」余又問適之：「各家思想均各有其時代背景，君書獨於老子前加以時代背景之說明，此下如孔子、墨翟、莊周、孟子，以至先秦末如呂不韋、韓非之徒，何以皆不詳其時代背景？」適之無以答。此下適之亦擬陸續完成其全部中國哲學史。但如其論淮南王書，其時代已在西漢初年；中國思想本屬隨時有變，淮南王書所說，已於老子、莊子復有不同；適之亦未曾按其先後，加以時代背景之說明。可見適之於中國史學非所究，故不能於各家思想一一推論其時代。說者皆謂適之短於佛學，故於中國哲學史未能再續。其實適之亦曾爲慧能與神會大作翻案文章，而於慧能與神會之時代背景，亦未能深入詳究。此處一誤，則宜其所論之未能確切矣。

適之初回國，在北大任教，曾撰一文，大意謂中國一切舊學既非「國粹」，亦非「國渣」，當稱爲「國故」，須待重新批判，估定其價值。其意實承襲太炎「國故論衡」四字來。雖未作一筆之抹殺，但既不承認一國家一民族有其固有文化之傳統，則意義已偏。又爲科學的古史家崔述一文，僅成其半。中國史學，秦前不論，遠自司馬遷、班固，下至杜佑、歐陽修、司馬光、鄭樵、馬端臨，下及顧炎武、王夫之、黃宗羲、章學誠諸人，偉著巨構，崇論鴻議，屈指何堪數？適之皆置不論。惟於章學誠外，特舉崔述，又特稱之爲「科學的古史家」。於是纔有顧頡剛、錢玄同諸人，創爲「疑古運動」，又爲新文化運動一支流。縱謂所疑皆是，然皆在孔子以前。孔子以下兩千五百年，二十五史、十通所存史料何限，豈堪一一置疑？而在民國二十年後，適之忽又爲一文，稱中國文化除女子裹小腳、姨太太、太監、吸鴉片、打麻雀牌等七、八項之外，尚復何有？則對中國文化作一牆之倒盡，再無一磚一石有保存之價值矣。此與其二十年前一切國故須再重新批判之議論，前後判然，不似一人所出。適之性尚和平，其所爲文字俱在，此二十年中，固未見其有對國故作周詳之批判，何以一旦忽出此怪論？蓋因此二十年內，適之享盛名已遠過其實。一時疑辨蠭起，適之國學植基未深，未堪一一詳論，乃竟作此一筆之抹殺。然其爲禍之烈，則實有難以估計者。

惟適之在當時，其一派新文化運動之聲氣，亦僅在報章雜誌及少數大學青年中流行。即如適之與傅孟眞推尊北大校長蔡孑民，奉以爲中央研究院院長，藉以增大其推行新文化運動之聲氣；而蔡孑民亦未曾明白聲明其對胡、傅諸人之同情。在北大初年盛唱白話新文學，又提倡反孔、非孝等言論時，辜鴻銘、林紓諸人，固仍在北大任教。傅斯年、羅家倫等，創辦新潮雜誌，即有其他北大學生籌辦國故雜誌爲對壘，而蔡孑民特由學校出資輔助。又特聘梁漱溟到校任教。漱溟本治佛學，而赴北大任教則大力提倡中國文化，自言乃爲打抱不平而來。

不僅孑民一人態度如此，南京中央大學諸教授，特辦學衡雜誌之作正面抗議者亦不論。以余一人所交，在北大如孟心史、湯錫予，清華如陳寅恪，燕大如張孟劬，其他南北名學者，如馬一浮、熊十力、錢子泉、張君勱諸人，余皆嘗與之一一上下其議論，固同對適之有反對感。而中央大學教授柳翼謀，明白爲一文，力斥章太炎、梁任公與胡適之三人，對中國傳統文化有反常出格之批評。三人中，任公已逝世。太炎直言作答，自悔己過。適之則無一辭辯白。果使吾國人繼此有較長一段時期之安定生活，或可對我國家民族歷史文化傳統從更廣大方面進而作較深一層之切磋與認識。乃不幸日寇內侵，抗戰軍興，一輩學者播遷流離，僅圖生存，無遑在學術上作深一層之研討。

八年之後，勝利來臨，一輩學者喘息暫舒，而赤禍踵起。水深火熱，陷入深坑，國內學術遂告中斷。流亡海外者，百中得一。而風氣亦隨而大變。惟主以民主自由反抗極權共產，尊蘇乎？尊美乎？

立國大計轉在國外。而國家民族歷史文化大傳統，遂置之不論不議之列。此問題乃不完而完，成爲一不解決之解決。

有一次在美國夏威夷，開一東方哲學會議，舉中國、印度、日本三代表各就其本國哲學思想作分題演講。胡適之代表中國，乃獨舉美國杜威思想爲題。是在適之意中，中國文化傳統下，乃無思想哲學可言。豈不與其離大陸前，所主中國文化惟女子裹小腳及打麻雀牌等諸項外更無其他可言之意見，仍先後相承，無多變動乎？

在夏威夷屢次會議中，惟臺大教授方東美乃力主中國哲學有中國哲學之價值。然其最後議論，則謂孔子思想在易傳中，不在論語中。不惜推翻中國兩千年來人人共尊之論語一書，改而提倡一千年來成爲問題之易傳，則是亦仍以西方哲學觀念來討論中國思想；其與新文化運動時之打倒孔家店，可謂乃五十步百步之間，何曾觸及中國思想之眞際？而亦受當前一般學人之尊信。言念前途，此誠一大堪憂慮之事也。

六

共產思想之深入中國，其事亦始於陳獨秀。獨秀爲人，任性使氣，與適之不同。彼不好在思想言論上盤旋，而好在人生實際事務上作偏激之踐履。其先創爲新青年雜誌，乃深慕德國希脫勒之「納粹運動」，可謂亦是一帝國主義之守舊派。及交胡適之，轉而趨向英、美，倡爲白話文，打倒文言文，又成爲一極端反舊之革新人物。然獨秀又非一文學家，及全國響應白話文，風靡一世，在獨秀心中終感寂寞，不以自滿。又且中國歷史文化大傳統中，有所謂「士大夫階級」。高級智識分子與國家行政事務，本屬一而二，二而一，兩方之緊密關聯，本不可分。而英、美民主傳統中，則自始無「士大夫」一觀念之存在。故英、美智識分子，惟一意在學術上、著作上，而國家政事有所不顧。民初新文化運動以來，中國學術界亦逐漸走上此路。「士大夫」一觀念，深受國人鄙斥。從事學術爲「士」，從事政治爲「大夫」，分道揚鑣，各不相顧。適之性近此一面，雖思想議論，時及政事，然所好則在爲一在野之學者，以言論思想來做全國之領導。而此非獨秀性情所好。獨秀雖亦同樣力斥士大夫觀念，但其性向則好人生一切實務踐履。在當時情況下，既不跑上政治舞臺，而又性好作偏激之抨擊，遂不期而轉上共產主義運動之一路。

故在當時新文化運動一大潮流之下，又分三支：一爲胡適之，專在思想言論上作學術性之批判。一爲周樹人魯迅，專在白話文學上作創造。一爲陳獨秀，既不願爲胡適之，仍留在思想言論方面作空洞之倡導；亦不能爲魯迅，正式在白話新文學中求創闢；乃單獨走上共產主義，在政治界作一極端反抗派之領袖。然獨秀實際亦不適作政治活動。即李大釗、瞿秋白之流，亦皆書生型一類之人物。於是共產運動乃漸次轉入毛澤東之手中。

胡適之常稱毛澤東乃北京大學一「偷聽生」。毛澤東曾聽胡適之課，不問可知。毛澤東是否亦聽陳獨秀課，余不詳知。然毛澤東必深受陳獨秀影響，則亦不問可知。今姑作一不甚恰切之譬喻：儻謂胡適之如孔子儒家，則陳獨秀乃一墨子墨家，而毛澤東則轉爲吳起、商鞅之流之法家與兵家。一則性格不同，一則學養不同，而其間尤有一時代轉變之大問題在內。

自新文化運動興起，「士大夫階級」一觀念，幾乎爲舉國所詬病。「士」爲讀書人，「大夫」爲做官人。自孔子以下，讀書人第一大出路是從政做官，二千四百年來，大體無變。但自清末廢科舉、興學校，則此風不得不變。尤其是民初以下，袁世凱北洋軍閥政府勢力遞轉，而用人則共有一標準，決不樂用學校出身之新式人才。孫中山先生在廣州，另建政府，規模尙小，其實僅爲一革命政府。從政人員亦不出兩大類：一爲國民黨員，一爲黃埔軍校之軍事人員。當時學校出身人物，幾乎與政府用人劃成兩截。其在西方政府，既不限定要用讀書人，學術界與政治界顯分兩途。大學教授，高級知識份子，極少數有意來參加政治活動者。則當時我們中國人既一意羨慕西化，學術界知識份子即自古相傳之「士」，自當與「大夫」作遠離之分別。惟有孫中山先生一人，乃抱甚深之國族文化觀念，在其五權憲法中，特設「考試院」一權。其深義即在恢復中國舊傳統士、大夫之相通合。其三民主義中之民族、民權兩主義，已闡明其內涵。茲不詳論。而一般國人，則羣從西方人的民主觀念，只重民眾選舉，不重政府考試。顯與中山先生之三民主義、五權憲法有不同。今亦不在此詳論。惟當時一般知識份子，既不易參加政府而從事政治活動，而仍未全遺忘了中國舊傳統之士的精神，於是一轉其方向，改而從事於社會改造之活動。則仍是於開新中保留有若干之守舊精神矣。

其時中國既非一資本主義社會，本無「無產階級」之存在。農人即賃地而耕，亦非「農奴」。不得謂中國乃一「封建社會」或「農奴社會」。共產主義之崛起，乃有智識份子內在不平心理之作祟。讀書人與做官人相通一體，「士大夫」三字聯結成一語，此亦中國文化傳統一特色，爲舉世其他民族所未有。自晚清廢科舉，讀書人的政治出路遂告斷絕。然讀書人當爲並世一指導階層之心理，則依然存在。惟政治界既與學術界分開，則社會輕視讀書人之心理，亦必潛滋暗長。新學校興起，多數爲官立，又與往日山林書院私人講學不同。讀書人教書已漸成一職業性，與往日「作之君，作之師」，「道統」猶在「政統」之上之舊觀念，已逈然相異。而一輩接受外國教育之新智識分子，則尤爲舉世重視，一若天下興亡，一惟彼輩是賴。故當時一輩知識分子，實是應負國家重任而並無政治出路之人物。其內心潛在之不平，自可想像而知。而一時又苦於不自覺。一面既高唱民主政治，而一面實仍抱舊觀念，仍不忘舊傳統之士大夫心理，必以一世導師自居。故民初以後，「政治革命」之呼聲，乃一轉而爲「文化革命」。對中國一線相承之文化傳統，攻擊無微不至，破壞性遠過於建設性。文化革命之未能滿意，遂又一轉而爲「社會革命」，惟以一變故常爲快。要之，是當時一輩智識分子之内心不平，求負大任而實無出路之一種現實狀況下之一種失常狀態。淺而言之，則謂其亦是一愛國運動，亦未嘗可謂盡失其眞也。

其時乃有一批「勤工儉學」生赴法國，事由當時一智識分子，尚不失舊傳統士的觀念之吳稚暉發起號召。最先動機亦爲尋求外國新智識，回國報效。但一出國後，「勤工」之不暇，「儉學」則無此機緣。幸得入學，在西方學術界，亦僅是一職業，分門别類，各鑽一牛角尖。歸國後，僅可各務一職一業以自活。與中國傳統讀書人心理不同。遠越重洋，所爲何來？當時求愛國報國，則打倒英、美帝國主義，亦成爲一主要項目。於是一聞馬克思共產主義之思想理論，而心中不覺若在積霾重霧中驟睹一光明，爲潛在不平驟獲一洩氣口。並又有蘇俄之實質幫助，即可發出爲一具體之活動。則無怪其羣趨於此，決堤潰防，而無可遏止矣。

余在北平任教於北大、清華、燕京三校，學生常有接觸。每有來余室而暢道其内心之鬱悶者，多不在學術上，而在政治、社會之種種實質之不滿上。並皆奮不顧身，冀有一新出路。論其心，則端爲愛國報國。詢其家世，則有家長身爲高官，家庭生活無憂，其身即是一貴族階級、資產階級之子弟，而即爲其所求革命之對象。如是青年實爲可愛，而亦可憂。惟恨余不得在與彼等數十分鐘之傾談中，對彼有所開導。至今思之，猶爲悲慨無已。我無以名之，亦惟有名之曰：此亦中西文化新舊衝激之一現象而已。

七

赤幟既張，避身海外，三十年來，而形勢又大變。其先如康、梁，如章太炎輩，皆尚在國家民族自身立場上求改變。其次如胡適之，如陳獨秀，則求在國家民族自身立場外，來改變國家民族之自身。惟其所論，則依然仍在國家民族之自身內；而意態偏激，務求一變以爲快。至今，則國家民族之自身，已不在所論之範圍。自白話文運動遍及全國，各學校皆教白話文，又經不斷變亂，至於今日，國人之生長臺、澎、金、馬者，對三千年來中國古書已成難讀。所能讀者，則僅數十年來之白話文書而已。中國歷史文化傳統已淪入不論不議之列，不須打倒而已自倒，不須推翻而自翻。當前臺、澎、金、馬之中國人，雖已改變呼聲，「提倡文化」、「復興文化」已成爲當前一時之口頭禪；實則仍然意在開新，不貴守舊。凡所討論，則已全轉入西方一面。始則親美、親蘇尚成對立，今則即在大陸，亦已離蘇親美，而亦有意轉向科技方面。其對於歷史文化傳統之內容，則已一無所知，何得復成問題，來作互相討論？故今日之全中國，除白話文創作仍循新文化運動之舊轍外，惟有科技、工商業經濟問題，乃成集中的唯一問題；則回顧胡、陳時代，又不啻另轉入一新時代中，而無堪追憶矣。

八

抑又有一層當在此提及者。西方傳統似未有如中國古人般之「國家觀」。彼中所謂國家，如葡、西、荷、比、英、法、德、意等，在中國人視之，均當屬一「地方」，而非「國家」。中國傳統則於國家之上，尚有一「天下觀」。孔、墨以下，中國智識分子幾乎都周遊天下。先秦遊士不論，即秦、漢以下，自漢武帝立大學，由郡國遴選青年入學，及其出而爲仕，則又多遍歷全國。兩千年來之讀書人，考試則必赴京師，出仕則遍歷全國。及其年老乞退，又每不返其故鄉。試讀一部二十五史，試讀各省各縣之地方志，試讀各家家譜，就其有名人物在政界、學術界俱有第一等、第二等成就之人物，一一查考其最早之出生地，生平之遊歷地，及其最後之定居地下葬地。比之西方英國一學者，一政治家，曾到法國者有幾？卒在法國者有幾？法國之於英國亦然。就其比較，製爲一表，可知中國讀書人極少「鄉土觀」、「地方觀」，而特富於「天下觀」。並世各民族難與相提並論。中國之能歷三、四千年成爲一廣土眾民之大國者，此亦其因之一。

乃此情勢，至晚清亦變，而仍未大變。科舉廢，全國各地讀書人不必再至京師。先惟一北京大學，然就讀者極有限。此後各省皆有大學，青年之必赴中央者更有限。及其學成，在其出生地謀職，有數十年不動者。然民初以來，有所謂「遺老寓公」，或在滬，或在津，或在大連，或在國外、香港，擇一租界商埠，終老於斯。風氣不變，民國以下，在北平城及以上諸地作寓公終老者，實繁有徒。海外留學歸來，在某大學執教鞭，遇休假則相率仍赴國外作進修。除卻對日抗戰幾年外，中國讀書人乃絕少在國內遊歷之機會。智識分子相聚成羣，實與社會隔絕，更與國家疆域隔絕。能足迹及於全國各地者，可謂絕無而非僅有。

逮及赤禍滔天，留大陸之智識分子，幾如亡國孤魂，被清算，被殘殺。倖留者既無思想自由，亦無生命自由，姑不論。政府流亡來臺，臺、澎、金、馬之原有居民，其未到過大陸者，不論。其流亡來臺之二十歲以下未成年之幼童、青年，至今未回大陸本土者，亦不論。自政府遷臺後，在臺、澎、金、馬誕生者，至今亦過三十歲。不讀中國古書固矣，乃亦未履中國大陸寸步之地。其優秀傑出者，出國遊學，或不再歸臺島；或往來海外與臺島之間，而終亦以臺島爲暫居地。要之，其生平未履中國大陸寸步則一也。論其風氣，固亦遠從中國古人於「國家觀」之上更有「天下觀」之一念來。但只求開新，不再守舊。在如此心情下，更何論國家民族歷史文化之大傳統所在？中國人亦將如猶太人，臺、澎、金、馬則成爲一以色列，尙何高論歷史文化傳統之有？則較之六、七十年前之胡、陳時代，又相距不啻霄壤矣。胡、陳時代，尙是以外國來改造中國；今日以後，則殆將以外國來建造新中國。而大陸之變，若果有一日使國人重得自由，而國內之智識分子及今十年內有遺留，爲數幾何？十年後，恐將惟有反共智識，未具建國智識。若論建國，則亦只有依照外國來建造一新中國之一途。而

三、四千年來之舊中國，則將來惟有留在圖書館中作考古資料而止。如此前途，又復何堪想像！

然則爲國家前途計，一則中國人必親履中國之土地，二則中國人必親讀中國之書籍。必先求瞭解中國歷史文化傳統，而發生一種親切之想像。種種高論鴻議，恐亦未有能超此二者之上者。開新之前，必先守舊。敬以質諸當前我中國之知識分子，果謂何如？

（一九八〇年十二月三十日幼獅雜誌十六卷二期）

學術傳統與時代潮流

一

今天是本院中央研究院故院長蔡孑民先生一百一十五歲誕辰紀念日，現任院長錢思亮先生要我來作一講演。我之講題爲「學術傳統與時代潮流」。學術傳統屬於舊，時代潮流屬於新。一新一舊，是否必相衝突、相矛盾，抑可融通和合，會爲一體？此是從來一大問題。我們是否可從孑民先生的思想與行爲上來得些啟示或參考，乃本人此講之要旨。

二

孑民先生著有中國倫理學史一書，余讀此書應早在六十多年前。今不論此書內容，姑就其書名言。中國從來無「倫理學」一名，但人倫大道，倫常之道，乃中國學術傳統之所重。倫理學之名稱，當起自日本。要之，乃西化東漸後所有。孑民先生寫此書，亦本日本人著作來。但亦可知孑民雖係當時一新人物，而實抱有甚深之舊觀念。

余在辛亥前一年，曾讀譚嗣同仁學一書。謂在中國五倫中，西洋僅有朋友一倫。此可稱是一新觀念。但西洋縱無如中國之五倫，亦同有夫婦、父子、兄弟、君臣之別；既無如中國之倫理，則其朋友一倫實亦與中國不同。後嗣同爲「戊戌六君子」之一，同遭殺戮。當時曾有人告以消息，勸其逃亡，嗣同拒之，謂朝廷從事變法，難免流血，當由嗣同啟其端。實則嗣同亦心感光緒帝之知遇，仍有中國舊傳統君臣一觀念存其胸。若如西洋人從事革命變法，寧有坐以待斃之事？則嗣同實亦爲當時一新人物，而抱有傳統舊觀念者。觀其著書名「仁學」，已可知。

又湖南有楊昌濟，乃毛澤東師，亦毛之岳丈。其人在前清曾留學日本，治哲學。「哲學」亦一新名稱，亦西化東漸後始有。其人繼又留學德國，歸而任教於湖南某師範。北京大學聘之，其人謂，刻正在此修練爲師教人之道，俟稍自信，再以應聘。此後乃赴教北京大學，曾有中國倫理學講義，在東安市場流傳。余曾覓得此書，細心玩讀。此亦近六十年前事。當時覺此書甚多新見解，惜今已不復記憶。但其人亦可謂當時一新人物，而頗富傳統舊觀念。余亦未詳毛澤東何以得爲其壻。但中國舊傳統，壻有半子之誼，又對師自稱「弟子」，儻毛澤東稍有中國倫常觀念，稍知中國倫理精神，縱其趨隨時代潮流，向慕共產主義，亦當稍有調和節限，不致成爲此下之毛澤東。亦正爲此，一般趨慕時代潮流者，乃多反對自己民族國家舊傳統，認爲非排舊無以開新，成爲一時之新風氣。

但孑民先生似乎不如此想。其在北大引進陳獨秀、胡適之諸人，提倡新文化運動，開創時代新風氣，但同時北大亦容留有辜鴻銘、林琴南諸人，則顯是當時之舊人物舊傳統。又報載北大曾聘浙江馬一浮任教，一浮覆電云：「禮聞來學，不聞往教。」拒之。此電顯爲設辭，而不願應聘之情，則浮於其辭矣。又梁漱溟應北大聘，自謂予來任教，乃爲抱不平。著有東西文化及其哲學一書。此爲一種新舊思想之衝突，更屬昭然。亦由此可見孑民先生在當時，實主張新舊兼容，開放新風氣，而又容納舊傳統，以求治之一鑪。

又有一事，更屬顯明。余有中學同學張瑄，考入北京大學。其時北大學生中辦有新潮一雜誌，主張新文化運動。張瑄與其他數同學表反對，出版國故一雜誌，與新潮作對抗。而國故雜誌之經費，實獲孑民先生援助，由學校與以津貼。則當時之北京大學，羣認爲乃是當時新文化運動之發源地、大本營；而孑民先生爲校長，實並未主張一面倒，可不煩再多詳說。

今再說「國故」二字，乃由「國粹」二字轉來。晚清時有國粹學報一雜誌，內容多講述中國學術舊傳統，而其對當時革命新潮流之影響則甚大。余當時乃一中學生，未能閱讀此學報，然曾讀黃梨洲明夷待訪錄，及譚嗣同仁學諸書，皆由國粹學報印行，流布極廣，於當時思想界有大影響。後之反對舊傳統者，乃改「國粹」爲「國渣」。而章太炎則稱之曰「國故」，著有國故論衡一書。張瑄諸人之發行國故雜誌，取名由此。而孑民先生在當時之必受國粹學報之影響，亦不煩詳論。

吳稚暉與蔡孑民兩人，同時齊名。稚暉早年，曾就讀江陰南菁書院，當其牀帳，買皇清經解。及其晚年，乃主「線裝書扔毛厠」，爲新文化運動作健帥。論人物，則孑民較新。論思想，則稚暉更新。然孑民尚登仕途，爲教育部長，而稚暉終其身不仕，此又異。

三

今再述及胡適之。羣認爲適之乃當時北大新文化運動一主腦。今當提及其瑣事數則。首爲適之在美留學之博士論文題，乃中國先秦名學方面。在國外留學，而在本國學術傳統中選題研究，適之是否爲其第一人，余無考。然適之要爲其中甚少之一人。「名學」亦一新名詞，由嚴又陵最先提出。嚴又陵留學英國，廣譯西籍，而於國學具有甚深根柢，亦爲一時代新人物，而富有傳統舊觀念。其在當時影響甚大。余在民初，即一一研讀其所譯。又幾徧讀林琴南所譯之西方小說。嚴、林兩人，即成爲當時盡人皆知之人物。舊傳統、新潮流，亦兼容並包。

適之歸國，講學北大，寫有中國哲學史大綱一上册，一時盛傳。余避赤禍，初到香港，曾提及適之此書中觀點及取材，頗多採自太炎之國故論衡。毛以亨聞而然之，後在臺有所闡述，惜余未之見。要之，適之講學形成新潮流，而其題材則盡屬舊傳統，此爲一不可誣之事實。

其次，適之在留美前，其母曾爲訂婚。及其在美，有一女友，亦留學治西史，爲一名學人。但適之返國，終遵前約成婚，夫婦偕老。此事極爲當時人稱道。其時離婚新娶之風已盛，而適之拘守傳統倫理舊觀念，此一層，恐亦於適之學風驟振有影響。又適之返國，即任教於北大，名震朝野，而適之終爲一學人，不入仕途。僅在對日抗戰時，一度任駐美大使。退任歸國，即任北大校長職。來臺後，又任中央研究院院長職。其重學輕仕，固亦可謂近似西方學者風格，但亦可謂仍守中國學人之舊傳統。據此諸點，適之雖成一時代新人物，亦可謂仍存有中國舊傳統。果使其純爲一嶄新人物，則恐於時代影響不如是之大。知人論世，此層亦大值注意。

適之中國哲學史大綱一書問世，引起討論者，實多在先秦諸子學之舊傳統上。梁任公首啟異議，謂老子當在孔子後，不在孔子前。馮芝生、顧頡剛信其說，余亦從之。一日，曾詢適之：「君主老子在前，孔子在後；任公主孔子在前，老子在後；今姑不論。君書主討論一家思想，當先討論其時代背景。老子爲春秋時人，君書何不以春秋時代情況作背景，而遠引古詩三百首，似嫌疏闊。又若孔子果在老子後，時代不同，思想亦別，此下墨翟、莊周皆然，何以君書於此各家均不提及其時代背景？」適之答：「當時康有爲今文經學方盛行，君之劉向歆父子年譜一文尚未出，羣不信左傳，未敢輕引。」於余之第二問題，則未答。是適之心中，亦深受康長素影響可知。

長素有新學僞經考，又有孔子改制考，新文化運動中「疑古辨僞」之風皆承之。適之又遠推之於清乾、嘉時之崔東壁。東壁遺書流傳日本，國粹學報特有專文介紹。適之之注意及於東壁，則亦當自國粹學報來。既爲「疑古辨僞」，則必有「考信」工作。東壁書即稱考信錄，而新文化運動同時又有殷墟發掘及龜甲文研究。此則「考信」與「疑辨」之兩翼並進，雙輪齊前，亦成一不可分之勢。

王靜安早治甲骨文，但爲殷周制度論則取材古經典，而甲骨無可據。其在清華研究院詔示來學，求通甲骨，先須精讀許氏說文。靜安在當時雖同受新潮流稱賞，然其重視舊傳統亦可由此證之矣。但其衡論文學方面，則更受當時人重視。提倡新文學，爲新文化運動中主要一潮流。靜安文編乃其早年作。靜安初亦治德國哲學，文編中論及紅樓夢，謂西方文學尚悲劇，爲文學上乘，而紅樓夢同得其趨。其後爲宋元戲曲考，亦新潮流、舊傳統合一，更受普遍誦讀。孑民先生亦曾治紅樓夢，引證書中故事，比附之於清初朝政。此又孑民先生深抱舊觀念之一證。蓋中國學人舊觀念，輕視說部，必比附之於修、齊、治、平之大道，乃有意義價值可言。以紅樓夢比附清初朝廷故事，其來有自，非孑民先生首創。而適之則抱西方新文學觀念，詳考曹雪芹生平，專以西方小說來看紅樓夢。一時此風蔚起，乃有「紅學」一新名詞出現。此則顯與孑民先生異趨。然適之於孑民先生，終其生，惟加推敬，禮崇弗衰。此亦適之爲人可謂不失舊風格之一證矣。

新文學運動中，魯迅、周作人兄弟崛起，尤名重一時。然周氏兄弟在日本，爲太炎弟子，曾譯西方說部域外小說集，盡用古文體，似效林琴南。則當時新潮流中人物，其深染舊傳統洗禮，周氏兄弟亦其一證。

根據上述，當年新文化運動成爲時代一新潮流，而其與學術舊傳統乃處處有牽涉，幾成一不可分割之勢。余又曾讀孑民先生一小集，今已忘其書名。書中所搜皆短文。一文論孔子論語，每多從相反兩方面立說，如「仁」與「禮」連言，「仁」與「智」連言，皆是。余雖未記其文，然其影響則甚深。

四

今試再深言之。孔子「十有五而志於學」，所學必向外。「三十而立」，則立其己，立在內。「四十而不惑」於一切外來之事物。「五十而知天命」，此知則在內。「六十而耳順」，又轉言外。「七十而從心所欲不踰矩」，又轉言內。後儒所言「一天人，合內外」，論語此章已作其具體之準繩。此乃中國人爲人爲學文化大傳統最主要精義所在，兩千五百年來莫能違，再兩千五百年、五千年、一萬年，當猶莫能違。

又中國人言「父」必及「子」，言「夫」必及「婦」，謂之「倫理」。「執其兩端，用其中於民」，兼執兩端，乃見「中道」。中始可「常」，故又稱「倫常之道」。又稱「中庸」，惟此中常之道，乃庸眾所共。果偏執一端，則非中庸，非常道矣。即如「新」、「舊」，亦時間之兩端。舊中必有新，新中亦必有舊。故開新守舊，兼容並包，其道乃中而常。否則偏而必「變」，中國人則言「化」。「化舊成新」與「變舊爲新」大不同。孑民先生之在當時，確然爲一新人物。王靜安較爲一舊人物，然靜安實多新觀念。新舊難分有如此。又如康長素、章太炎，民初新文化運動驟起，若已成爲舊人物，但新文化運動所受兩人影響則甚深。在康、章當時，長素若較新，太炎若較舊。然長素尊孔，恪遵舊傳統。太炎僅以孔子爲一史學家，與劉歆並類相擬，其輕孔則甚。故曰：「中國有一王充，可以無恥。」王充既批孔批儒，故太炎視中國一切傳統，悉稱「國故」。其爲國故論衡，即承王充著書名論衡來。亦可謂民初新文化運動，實亦一套「國故論衡」，將舊傳統逐一加以新觀念、新批評，如是而已。乃新文化運動人物心中，實多尊康輕章，適之至稱太炎「死老虎」。則新舊難辨，更可由此見矣。

抑在民初，學術風氣蓬勃瀰漫，遍於全國，新文化運動特其中較顯一浪潮而已。其時南京東南大學諸教授，既多耆宿，亦多留學歸者，乃羣相結合，創刊一學衡雜誌，與新文化運動對壘。晚清遺老唐蔚芝，在無錫設國學專修館，余曾蒙其面贈著作近二十種，全體皆承舊規轍。其專修館及門弟子，北上參加新文化運動陣營者亦多人。忘年交金松岑，著天放樓集，努力舊詩文。孽海花新小說，乃亦由其首創。唐蔚芝長交通大學時，學生孟憲承留學美國歸，應聘清華大學中文系主任，特來無錫相訪，與余係新相識；曾面告余，此去第一工作，當從頭圈點十三經注疏全部。歐陽竟无在南京，創支那內學院，宏揚佛學。余諸老友熊十力、湯錫予、蒙文通，盡出其門。北方又有顏、李學之宏揚。其他不勝舉。即如徐世昌，沉淪宦海，退總統位，亦有清儒學案一巨著。徐樹錚在北洋軍閥幕府中，亦提倡桐城派古文。漢奸鄭孝胥，有海藏樓詩行世，又有書法亦得人欣慕。民初國家動盪，民不安生，乃學風四起，一如清初。惟西化已東漸，精微、高明皆有不足。但亦見中國學術傳統生命旺盛，有經衰亂而重興之精力。一時新舊紛雜，新者未可謂之無刺激、無掀動；而舊者亦不得謂之盡屬無意義、無價值。新潮流與舊傳統，若相衝突，又若相和會，乃使人有牽纏攪擾，莫知適從之慨。但亦有左右逢源，頭頭是道之樂。自七七抗戰，此風驟歇。共黨得勢，政府播遷來臺。回視往年，儼如隔世。今則又是另一時代之新潮流突起，而學術舊傳統則竟當於何處尋覓乎？

五

當年新文化運動中，亦有主張「全盤西化」者。其實主流則在對舊傳統之批評，大體如上述。當時於西方宗教多閉口不談，適之並有「哲學關門」之呼號，哲學家諡為「玄學鬼」。而盛所推尊，則惟「賽先生」與「德先生」。「賽先生」指「賽因斯」，爲西方科學。但除丁文江一人外，科學家參加新文化運動者實不多。中國學術舊傳統中亦非無科學。即據醫學一項論，中西顯有不同。可謂傳統有異，卻不得謂中國醫學非科學。最近針灸一項，風行全世界，又豈得謂針灸非科學？英國人李約瑟著中國之科學與文明一書，其助手皆中國人。尤要者，乃一女性，其父則爲南京一名中醫。惟比論中西醫學不同，科學不同，其事恐仍當由中國人任之。因其大體相異，仍在中西文化體系中，非深究中國文化之全體，即無以勝其任也。

「德先生」則爲「德謨克拉西」，指西方近代民主政治言。惟謂中國無科學，此猶可。因中國傳統本偏重人文。若謂中國無民主，全部政治傳統盡係帝王專制，則中國人言倫理，言修齊治平大道，竟成爲一無是處，此何可言！惟既稱之爲「賽先生」、「德先生」，則明見爲中國無有。當時乃一以「新」歸之西方，一以「舊」歸之中國，故謂中國乃等於西方之「中古時期」，惟缺一「文藝復興」。其果然乎？若謂中國社會無資本主義，此則顯然。當時有郭沫若，亦引甲骨文及周易等古經典，辯論中國古代社會之爲「農奴社會」抑係「封建社會」。直至今日，鄧小平仍以打破中國封建社會爲共黨誇。然中國儻係一封建社會，則在其上面，豈能再有一帝王專制之政府？中國傳統政治儻係一帝王專制，則在其下面又豈能再有一封建社會？可見專以西方名詞來闡說中國傳統，當無一而可。

既認中國傳統政治乃帝王專制，遂使同時有意闡揚舊傳統者，亦避政治一項不談。抗戰時，余赴嘉定武漢大學講學，馬一浮特渡江來，邀余去其所創復性書院作講演。余問：「聞復性書院戒不言政治，確否？」一浮答：「然。」余謂：「儻余去作講演，擇一政治題材，可乎？」一浮問：「何題？」余答：「余所欲申者，乃中國傳統政治絕非帝王專制。」一浮恍然曰：「自梁任公以來，久不聞此論矣。君儘暢言之，無妨。」康、梁本主保皇，任公與其友又著中國六大政治家一書。苟爲帝王專制，其下即不得再有政治家。既有政治家在朝主變法，則其非帝王專制亦可知。一浮之言，殆指此。

中山先生亦與康、梁同時，不得謂其不受康、梁之影響。如其好題「天下爲公」四字，即承長素提倡禮運篇著大同書而來。太炎則謂必當革命排滿，但中國傳統政制則儘可遵守，不須變。中山先生五權憲法中，有考試權與監察權，此即承舊傳統來。若謂中國政治傳統乃帝王專制，則何來此監察與考試之兩權？此則中山先生之兼採太炎意見者。謂新文化運動在北洋軍閥時高呼「德先生」則可，待中山先生提倡三民主義，而新文化運動諸君仍呼「德先生」，則是謂中山先生之三民主義亦仍無當於民主政治矣。民主政治乃西方傳統，故必以中山先生之三民主義解釋之，或比附之於美國林肯「民有、民治、民享」之說，乃始可獲國人之同情，此則再談不到民族主義。

蔣公乃有「文化復興運動」之號召，提出「倫理、科學、民主」三大項。倫理一則，顯屬爲孑民先生所重視者，其屬舊傳統無疑。至科學、民主兩項，則顯屬民初新文化運動時之「賽先生」與「德先生」。則在蔣公心中，似亦並無新與舊必劃然分別之一觀念。依中國人傳統觀念，凡新必生於舊，凡舊亦必生有新。新之與舊，乃一體之「化」。故既當瞻前，亦當顧後。宇宙萬象，若一大生命之成長。苟使只瞻前，不顧後，則求進反得退。如今日進步，即見昨日之爲退。而明日之進步，又見今日之爲退。尤其如當前之大陸，學絕道喪，三十歲左右之青年，回顧其一生，乃惟以馬列主義之統治爲舊，謂非盡去舊，則不足以開新。而亦惟以當前美國之民主政治爲新。而民主必尚自由，則惟衣食住行私人生活享受之追求，可以日變而新，無限向前，乃若河海之無極，而惟己志之所欲。至於自己國家民族五千年學術文化傳統，則初未之知。以如此心情，而再引興起此下之時代新潮流，則亦恐難想像其何所底止矣。故「以舊變新」，乃一種唯物觀。「由舊化新」，乃爲一種生命觀。中國人言：「物惟求新，人惟求舊。」必有生命，乃成爲人。捨其舊生命，乃爲死亡。則惟有求西方信仰中之「復活」，不再有中國人「不朽」之想矣。故在中國學術傳統中，不妨有時代潮流之迭興；非可謂追隨時代新潮流，即不能再有學術文化舊傳統之存在也。

今值孑民先生一百一十五歲之誕辰，回念前塵，於孑民先生既宏開新之路，又不閉守舊之門，其兼容並包之態度，誠不勝其懷念之情矣。

（一九八三年一月十一日中央研究院紀念蔡元培院長一百一十五歲誕辰講詞，刊載於翌日中央日報。）

治統與道統

——從中國文化看國父與故總統孫蔣二公及當前之學術界

一

中國民族，在其四千年長時期歷史中，乃爲一擁有廣土衆民的統一國家。此在與世其他民族中，可謂絕無而僅有。秦、漢以後，乃郡縣的統一。而秦、漢以前，則爲封建的統一。唐、虞、夏、商，史迹荒遠，其所以爲封建統一之政治，已難詳論；而西周一代體制，則史文詳備，明白可稽。雖秦、漢以下，封建改而爲郡縣，然其所以爲統一政治之體制與精神，則依然持續，並無大變。

今論中國傳統政治之特性，可一言蔽之，曰：「是道義的，非權力的。」亦可謂：「是文德的，非武功的。」西周王朝，創自武王，其父乃商朝一諸侯，封爲「西伯」，三分天下有其二，以服事殷，但周人追謚之曰「文王」，尊爲新王朝之創始祖。此即中國政治重道義不重權力，尚文德不尚武功之明證。故在中國歷史上，自唐堯、虞舜，下逮夏禹、商湯以至周代之文王、武王，莫不有種種道義與文德之傳述。故中國歷史上之「治統」，其實即是一「道統」。

此一「治統即道統」之觀念，明白暢宣之者爲周公。詩、書具在，不煩詳述。但周公終其身爲臣不爲君。其君成王尊事之，此下西周、東周歷朝帝王莫不奉祠周公不輟，故使王室代表治統，而周公乃代表道統，抑且道統尤崇高在治統之上。無形中乃是爲臣者可以凌駕於爲君者之上。後世稱此曰「禮治」。禮樂作自周公，而「禮」之所在，則即「道」之所在也。

後世最尊周公者爲孔子。孔子乃一魯國之平民，然魯廷擢用之爲大司寇，其位僅在三家貴卿之次。孔子以道不行，辭魯卿位，漫遊列國，所至如衛如陳，雖不當政，亦莫不厚祿尊養之。返魯之後，其受祿養尊事弗衰。及其卒，魯哀公特誄之，曰：「旻天不弔，不憖遺一老，俾屏余一人以在位。」是當時人內心中，已目孔子爲道統所寄，治統固不能離道統以自存也。

戰國尊賢，其意亦即尊道統。在齊有「稷下先生」七十二人，皆賜列第爲上大夫，不治而議論。七十二之數，即效孔子七十二弟子而來。在中國傳統政體中，常有不負實際行政職務的學術性官員，此亦一特色。遠自西周起，已有大批史官，自王室派出，遍布列國，而不受列國政府之管轄。此亦政府中之學官。故孔子作春秋，曰：「此天子之事也。」天子之事在治統者，在下者固不得而干之；天子之事之在道統者，則固非天子之所專也。故孔子以一諸侯國中不負實際行政責任之學術性官員而得爲天子之事，其義即在此。

言治統，有「禮治」，有「法治」。禮治重道義，尚文德，而法乃其不得已。孔子之後有孟子、荀子。專就其言治分之，孟子較重禮，而荀子則有重法之嫌，故其後有韓非、李斯。秦一天下，設立博士官，即承齊之稷下先生來。博士官亦不負實際行政責任，而可以議政。此亦專掌學術之官，非政府法令之所制。而秦始皇帝從李斯言，罷博士官之不符朝廷意旨者，又焚其所掌之書，並定制「以吏爲師」，是欲以天子之權位，使治統凌駕於道統之上也。故後世譏之爲「專制」，而秦亦不永其祚。

漢武帝罷百家博士，專立五經博士，於是道統始定於一。漢博士稱孔子「爲漢制法」，蓋謂西周之治一本於周公，而漢之爲治則當一本之孔子。故漢王室乃代表治統，而五經博士官則代表道統，道統猶當在治統之上。故雋不疑可以不辨眞僞而依孔子春秋定衛太子之罪。其後乃據孔子春秋「通三統」之義而競言禪讓，王莽終以代漢統。

春秋時人已言：「天生民而作之君、作之師」，「君」代表治統，「師」代表道統。君位治統可以有歷代之更易，而師傳道統則不隨以俱變。抑且爲君者亦必有師。故光武中興，而新代五經博士之職位如故。明帝見東郡太守張酺，先行師弟子禮，再行君臣禮。此皆師尊於君、道統高於治統之歷史明據。今姑謂治統在政府，道統在學校，則自武帝以下，政府中人已盡屬學校中人，故余嘗名中國自漢以下之傳統政府曰「士人政府」，亦可曰「學人政府」。以近代語說之，則中國自漢以下之傳統政府，乃由學術界組成，受學術界之支持與領導。孔子弟子子夏言：「學而優則仕，仕而優則學。」學術界之目標自當轉入政治界，以實現其所學。而政治界之條件則絕不能脫離學術界，而自行其所是。此種政治，可曰「文治」，亦可曰「士治」，亦可曰「學治」。此亦中國歷史一特有傳統，爲舉世民族之所無。

魏晉南北朝政治中衰，但當時門第，皆出士族，仍自學術傳統來。其時則學校教育轉移爲家庭教育，而政治盡操於門第中人之手，則仍是變相的道統高於治統也。故在當時政治上之統緒蕩搖多變，而門第傳統則安定不動。惟治統與道統分，則爲衰世。唐代復盛，仍是綰合治統、道統而使之復合。唐太宗有十八學士，乃在政治人物中特別標榜出學術人物而加以尊敬，在君臣關係中明白增進了師與友關係。故貞觀之治，其特別受後人稱道者，更重在魏徵一人。魏徵之官位並不高，然魏徵之對唐太宗，不斷直言極諫，儼如嚴師諍友；而唐太宗亦始終容忍，禮遇之不衰。此亦中國政治傳統特色之一種表現也。

下逮宋興，宋太祖有「不殺士大夫」之家訓，其子孫世守不敢背。此亦治統應尊道統之一徵。唐以前言道統，必曰「周公、孔子」，宋以下言道統，乃曰「孔子、孟子」。周公尚是西周王室一親尊，孔子、孟子則皆屬平民身分。又唐以前學校教育及政府考試，皆重周公所傳之五經；而宋以下則重孔、孟所傳之四書。此皆見道統地位隨於歷史演進而益尊於治統之上。即元代以蒙古人入主，仍在大體上遵守此大傳統而不變。清代以滿洲人入主，其遵守此大傳統，則較元代益遠過。

孔子在唐代謚爲「文宣王」，宋代加謚「至聖文宣王」，元代更加號「大成至聖文宣王」，明代改稱「至聖先師」，清代定爲「大成至聖文宣先師」，又改稱「至聖先師」。漢儒僅稱孔子爲漢制法，而唐人必謚之曰「王」，宋人必添進一「聖」字，元人又添進「大成」字，明、清兩代則於「聖」字外又增入「師」字，而終滅去其「王」號，僅存「聖」字「師」字則不可滅。此歷代之遞變，正見師道之益尊於王道，道統之更高於治統。此自非歷代帝王之意，實乃歷代儒臣之意耳。

惟清代文字獄屢起，尤如雍正朝之呂留良案，頒布大義覺迷錄於全國之學宮，是顯欲兼道統於治統；其爲異族政權之專制，上較秦代焚書，嚴酷尤甚。惟大義覺迷錄不久即自禁止，不再流布；而乾、嘉經學，終不免埋首故紙堆中，自號「漢學」，反「宋學」。但漢學、宋學同是以道統爭求凌駕治統之上，皆不失中國學術傳統之大趨嚮；而乾、嘉經學則僅屬一種逃避，不問治統，專言道統，終是一僞道統。道、咸以下，「今文經學」躍起，始是學術界重求凌駕政治界，有符於中國歷史之大傳統；而清代之治統，亦不久而熄滅。故中國人論歷代之盛衰興亡，亦多注重在其臣下與道統上，而多不重在其君主與治統上。

二

以上所述，乃中國文化一大特色，即學術必求能領導政治，而政治必求能追隨學術。有關人事方面之責任，學術界應更高更重於政治界。故做一大官，絕不能如當一大師之受人尊敬。做一大官，乃隨時事；當一大師，乃千古事。此所以中山先生亦教人要立志做大事，不要做大官。中國人在此政學不分、重學輕政之大原則下，乃使中國歷史能常保此一大一統之局面於不壞。而晚淸之際，西學東漸，西方人言民治，言法治，無道統。其稍近於中國人觀念中之道統者，乃爲宗教；但必求政教分，不言政教合。其學校教育，則先從宗教衍分。政府既不重視學術，而學術亦必求自由，可謂與政治無甚深緊密之聯繫。此與中國歷史傳統有大分別。

中山先生之革命，淺識者謂其淵源自西方，而中山先生必自居爲上承堯、舜、禹、湯、文、武、周公、孔子之大傳統。是在中山先生之心意中，不欲專自居爲一政治人物。在其開創民國，並不認爲僅是一治統更新，而更求有道統之復興。是中山先生仍是根深柢固有其中國觀念之存在也。論中山先生之政治事業，僅如周文王。故總統蔣公，完成北伐，繼之以對日抗戰，乃如周武王。但蔣公信仰中山先生之三民主義，雖其畢生盡瘁於政治事業，而亦未嘗忽視學術。逮其晚年，避居來臺，猶自盡心於大學、中庸之研究，又以「復興中國文化」爲號召。此見蔣公於治統外亦更知重道統，一如中山先生，不僅求爲一政治人物而止。實則在中國文化傳統中，亦未有自外於學術而能成爲一政治上之理想人物者。

在中山先生同時，如康有爲、章炳麟、梁啟超諸人，亦同有治統、道統合一之傳統觀念存其胸中。但西學東漸，影響日大，學風驟變，羣趨於爲窄範圍之專門研究，國家民族、政治社會當前現實問題，認爲非學人事，可以置而不問。而於「道統」一語，則更所鄙棄，認爲是封建社會、專制政體所遺下之陳腐語。甚至如宋、元、明三代歷時六、七百年之理學運動，專據其不注意女子纏足，即可以「不人道」三字一筆抹煞。更認爲「禮教喫人」，提出「打倒孔家店」之口號。而實則歷史長時期所傳之道統觀念，乃依然仍留存在當時學人之腦際；特認爲眞道統應在西洋，不在中國，惟民主與科學，「德先生」與「賽先生」乃足當之。

而又輕視政治人物。此亦仍是中國歷史遺傳尊道統於治統之舊觀念之一種變相呈露。於是如中山先生之三民主義，乃鄙視之爲黨義，爲現實統治者之宣傳工具，一若可擯之於學術討論之外。無形中使學術與政治顯分成兩橛。學術界可以自外於政治，而政治學則僅爲大學法學院中一學系、一科目，亦成爲一窄範圍之專門研究。此與中國歷史傳統上培養政治人物之旨趣，大不相侔。此將使此下中國，既不復有道統，亦不復有治統。而「德先生」與「賽先生」，是否可代已往道統、治統之潛存精神，則實應爲當前學術界一萬分值得首先探究討論之問題。

乃今日國人所共同希冀而盡力以赴者，則曰「現代化」。然現代化當與「西化」不同。當前之政治可變，社會可變，而已往之歷史傳統則不可變。即就西方英、美言，同尊「德先生」，同尊「賽先生」，然兩國歷史不同，社會不同，斯其政治亦不能同，更無論於義、法、德諸邦。而西方復有蘇維埃崛起，正亦因其歷史與社會之不同，而政治亦不能與英、美乃及義、法、德諸邦走上一途。中國人之道統觀念，正亦與其歷史傳統有不可分解之因緣，故曰堯、舜、禹、湯、文、武、周公下及孔子、孟子，所謂「道统」，即是一「歷史傳統」耳。以今日語說之，亦可謂即是一「文化傳統」。今既謂歷史傳統可以不顧，而惟西方道統爲當尊，則何以必尊英、美，而不獨當尊蘇維埃？故民國以來之共產主義運動，實從新文化運動中分出，如陳獨秀即其著例。華盛頓尚十足富有國別性，馬克思則超出了國別性而若爲具有世界性。當年共產主義在中國崛起，此亦一主要因素。既需向外覓取一新道統，則追隨於某一特定國家之後而奉爲我之新道統，當斷不如追隨於超國別性之上而具有世界性之新道統之更爲合適。而且在當時人觀念，國民政府是純政治的，新文化運動是純學術性，只有共產黨乃是學術來領導政治的，豈不更合於中國人傳統的胃口？故即在當時中國共產主義運動之風起雲湧，亦尚有我所本有的歷史傳統的觀念從中作祟，惟惜吾人之不自覺察耳。

三

今論蔣公「復興文化」之號召，縱然不同於「復古」，然亦決非專意於抄襲。此事必從自本自根之歷史傳統中找命脈、覓生機；亦斷不限於政治，而有待於學術界之努力。但當前之學術界，歷史亦陷入狹範圍之專門研究中，僅爲大學文學院中一科系。在此政治、學術分道揚鑣之形勢下，在學術界各自分道揚鑣之形勢下，誰負此復興文化之重任？則此一號召，亦僅將是一號召而止。今日之學術界，已不能復有康、章、梁諸人，縱其學術意見不盡同於孫、蔣二公，然亦關懷於國家民族之大全體，同有歷史傳統之根脈。而今日之學術界，則全已走進西化過程中，回視前賢，實有隔世之感。則所希望於將來者，實惟有所謂現代化之新學術，與現代化之新政治，宜乎與歷史傳統無關，而亦將與孫、蔣二公之所想望者無關。此則仍待吾學術界自爲選擇也。

今日余應國立中央研究院之邀來作此講演。中央研究院屬於國立，但專從事學術上之自由研究，實亦寓有歷史傳統，政府專置學官，道統不隸屬於治統之遺意。第一任院長蔡元培有言：「讀書不忘救國，救國不忘讀書。」竊謂此兩語亦有傳統意義。惟其能讀書不忘救國，乃有歷史上道統之出現。惟其能救國不忘讀書，乃有歷史上治統之持續。此二語，實與子夏所言「學而優則仕，仕而優則學」，義趣相同。中國歷史上之傳統政府，必知尊崇學術。政府中官員，上自帝王，下至宰輔，以及全國中外僚吏，多以不忘讀書爲其職責外之職責。而歷史傳統中之讀書人，亦多以出仕從政爲職志。孔子曰：「不仕無義。」其或不仕，亦志在衞道，故孔子曰：「士志於道。」蓋志道其主，而求仕其次。中山先生言「知難行易」，亦猶言知道難而從仕易也。在中國歷史傳統中，亦有決不出仕而自求其道如道、釋，但亦爲掌治統者所容忍與禮事。要之治統則決不輕道統，而自願屈居其下。今日而求中國之現代化，宜亦於中國自本自根之歷史傳統中求之。

蔣公之號召文化復興，正有此意。我更將借用晚清魏默深的一句話，政治人才，有「教化的」與「氣運的」兩種。中國政治人才，乃是由教化孕育的；而西方的政治人才則似由氣運產生的。氣運盡則人才息，惟教化則可孕育無窮。此是一大問題，仍待吾們的學術界，作詳細的討論。今日距蔣公逝世兩週年紀念無多日，故特拈此題，以請教於吾國人學者。知我罪我，所不敢辭。

（一九七七年四月二日中央研究院紀念先總統蔣公逝世二週年講詞。刊是年五月中央研究院三民主義研究所專刊；八月史學彙刊第八期轉載。）

精神與物質

一

民國十年梁漱溟東西文化及其哲學一書出版。十二年胡適之有一長文批駁梁書，題爲讀梁漱溟先生的東西文化及其哲學，收入胡適文存第二集。此一討論似乎即此停了，沒有再繼續。梁書把世界人類文化分作西方、中國、印度三大支。他說：

西方化的根本精神是意欲向前要求。中國化的根本精神是意欲自為調和持中。印度化的根本精神是意欲反身向後要求。

胡文反駁說：

印度的宗教，何嘗不是極端的向前要求？

因舉梁書所說印度人自餓不食、投入寒淵、赴火炙灼、赤身裸露、學著牛狗齕草吃糞、在道上等車來軋死、上山去找老虎等等，以證明其向前不向後。胡文又說：

調和持中不能說是那一國文化的特性。這種境界，是世界各種民族的常識的一種理想境界，絕不限於一民族或一國。

現在姑拈此一辯論來略申我個人意見。我頗想另外用「精神」與「物質」兩觀念來對此辯論重加申釋。

二

我想人生確可分爲「精神界」與「物質界」兩面。西方文化乃是要把精神界深進到物質界裏面，去把物質界征服改造，從物質界中來表顯出精神界。站在人生本位上立論，精神界在裏，物質界在外。向物質界進攻是向外。梁書說他「向前」，似乎亦並無不可。如希臘人之人體雕刻，要把他們所想像的人體美，表現在物質上，並使不朽常在，這即是一種向外精神。而且希臘人理想中之人體美亦偏重表現在人體之筋肉線條上，此亦是一種精神向外。又如古羅馬種種大建築，亦可說是從改造物質來表現精神；牽連而及其帝國發展，亦可說是一種同一精神之發展。又如西方繪畫風氣，大體注重向外寫實。西方的文學特重戲劇與小說，亦是向外描寫。西方人生主要在投進外面來改造以表現其內裏精神。即如現代西方科學，亦是此一精神在推動。科學精神，亦正要征服改造外面物質界，從此征服與改造中來表現出人類精神。帝國主義與資本主義之向外發展亦是此一精神在推動。此一種精神正如哥德小說中的「浮士德精神」，無限尋求，無限向前。梁氏書中說法，應是針對此一情態而言。胡文對此亦表贊同。只是梁氏專以「意欲」一辭來加說明，則因其深受佛家思想之影響，偏了立場，轉嫌有辭不達意之處。

至於印度精神，梁書似專舉佛教爲例而立說。佛家要義乃是要求精神界從物質界中抽離，必務擺脫了物質來表現其精神。梁書所謂「反身向後」，其眞意似當指此而言。惟不用「精神」與「物質」兩辭來加闡說，則「向前」、「向後」，分別不清楚。亦可說，物質界在人生外面，精神界在人生內裏。佛家哲學之主要，在求擺脫此軀殼，取消此物質界之種種索纏。赤身、自餓、投淵、赴火諸種行爲亦皆從此引生。惟虐待肉體，甚至自殺，並不能便使精神超脫，依然會墮入輪迴；須修至「涅槃」

境界，始是精神眞能超越了物質而淨化。此處顯見印度與西方確是走了相反的道路。胡文把來一體視之，認爲都是向前。但一是正面向前，一是反身向前，二者間究有不同。胡文重在駁擊梁書，在此分別上則未加發揮。

論到中國「調和持中」，胡文謂是「世界各民族一種常識的理想境界」，此說卻帶有一種甚深之偏見。胡文用意似乎只要壓低中國文化，更不耐煩用心深求。依照胡文說法，像是印度與西方乃是走了一條路，至少是同一意態，即都在要求向前；而中國文化則只是一種最普通的常識見解，無理想、無道路、無成就、無價值，主意只在不向前。引用胡氏原文則只是「點黑暗的油燈」、「用很笨拙的騾車」、「奉喇嘛教」、「行君主獨裁政治」，甚至於「鴉片」、「細腰」、「穿鼻」、「纏足」，所謂是一種劣下的文化而已。其中也把世界其他民族胡氏所認爲一些劣下的隨意拉來陪襯，以表示其看法之公平。

胡文又復直吐胸臆暢率而道，他說：

> 梁先生難道不睜眼看看，古往今來的多妻制度、娼妓制度、整千整萬的提倡醉酒的詩，整千整萬恭維婊子的詩，金瓶梅與品花寶鑑、壯陽酒與春宮秘戲圖，這種東西，是不是代表一個知足安分，寡欲攝生的民族的文化？只看見了陶潛、白居易，而不看見無數的西門慶與奚十一。只看見了陶潛、白居易詩裏的樂天安命，而不看見他們詩裏提倡酒為聖物而醉為樂境，正是一種

要求物質享樂的表示。這是我們不能不責備梁先生的。

從胡文的字面上看，說是責備梁先生；其實胡文之內裏，則是在責備整全體的中國人和中國文化；但似乎有些太過分。中國人不是一個知足安分、寡欲攝生的民族，陶潛、白樂天是在提倡要求物質享樂。陶、白以外還更要舉出西門慶和奚十一來代表。此處似乎掩不住有些意氣不平。但此處且不擬作深論。

言歸正傳，梁書說：「中國化是走了一條調和持中的路。」竊謂中國人所主張的調和，並不能僅說是一種意欲調和。用中國人自己常用語來說，這亦正是要調和天人，調和心物、內外，調和人文與自然，調和精神與物質。中國人不主張以人克天，以內制外，以人文征服自然，以精神改造物質。中國人對物質自然界，似乎主張要能全其本眞，不加斲喪，始是最爲理想。其實中國人理想中的物質自然界也早已經人文精神的調和了。此是中庸上所謂「贊天地之化育」。中國人固亦認爲人文精神界必須在自然物質界中求表現，但並不過分主張必要征服和改造此自然物質界。中國人固是重視人文精神勝過了自然物質，但亦並不主張必要脫離物質以求精神之淨化。中庸上說：「盡人之性以盡物之性。」所謂的「盡」，便和「征服」、「改造」不同。「征服」和「改造」的力量在外面，「盡」的力量則只在其自身之內裏。而且中庸上主張以人爲主，以物爲從，從人文精神來盡量發展物質可能。此是中國人的調和精神。若以中國人對物質界的看法來比較西方與印度，則中國正是一種持中態度。梁書所說，其意或如此。

三

至於中、印、歐三方之孰是孰非，孰得孰失，則非此文所欲論，但亦可微申其說。印度過於歧視物質了，受病迄今翻身不得。這是他們的缺點。西方則求將精神深入物質界加以征服、改造，此種意態亦不免有過。結果此被征服、被改造之物質界卻會自成一巍然怪物，反而噬人。古代希臘、羅馬可不論，即論近代科學文明，豈不又養育助長出了兩怪物，一曰帝國主義，一曰資本主義。帝國主義之相互激盪，引起兩次世界大戰，西歐英、法諸邦元氣耗盡。而資本主義企業精神組織化、機械化，譬如驚濤駭浪，一切社會人文統被捲入，沖刷俱前。挽狂瀾於既倒，正待此下人類之努力。

我們亦可說，印度乃於哲學方面有其較深之造詣，西方乃於科學方面有其較高之成就。以中國較印度，若在思想方面遠爲平淺。以中國較西方，又若在實力方面遠爲貧弱。今天的中國社會，亦復百孔千創，振拔無從。但終不能說中國傳統文化，其意不求向前。只是其向前路向與印、歐有不同。如家庭間之孝慈，朋友間之忠恕，人生相互間之敬愛與道義，此亦有一條路向前。中國傳統文化，則正可謂刻意要在此一方面求前進。我們亦可稱之謂是一種「倫理精神」或「道德精神」，要之是在人文方面者。

人文精神之表現，由中國人看來，既不需逃避物質界，亦不需征服物質界。中國傳統文化，務求在精神、物質兩界求得一調和。此種用心，卻亦不可否認，但急切間比較難於說得個明白。姑舉文學爲例。

如陶潛詩：「采菊東籬下，悠然見南山。」淡淡十個字，天與人合，內與外合，精神物質、人文自然之雙方，兩兩相合，渾然一片。其下續云：「山氣日夕佳，飛鳥相與還。」此十字，又好像全寫物質外面的自然界，而作者之心情與精神固已寓乎其中，瀰淪無間，不復有彼此之隔閡。而又曰：「此中有眞意，欲辨已忘言。」不落談辨，不煩申說，轉見調和之深致。但若於中國文學無修養，此一意境，又如何說得明白？

中國人又說「詩情畫意」。唐、宋以下之中國畫，則已是完全詩化了。畫中有天地、有人物。四時佳景，風雨雪月，這是「天」，是爲畫中之「氣象」。高山流水，一邱一壑，這是「地」，是爲畫中之「境界」。蟲豸鳥獸、花卉草樹，這是生命，是「物」。凡有生命則必各有其相配合之氣象、境界，而相與融成爲一體。如畫燕則必有春風楊柳爲背景，如畫雁則必有秋水蘆葦爲背景。每一生命，各占一天地，各有其氣象與境界。如是而寫人，人之氣韻亦必與天地萬物相交流、相渾化。中國畫重「寫意」，「寫意」必寓乎「寫物」之中。中國人所理想精神與物質之相爲調和，亦胥可於畫中表達。是亦所謂「此中有眞意，欲辨已忘言」也。故我常謂中國文化，乃是一種藝術性的文化。藝術則正是人文精神匠心之所運。若推廣及於政治、法律、社會、經濟、宗教信仰種種實際事爲，實際建樹，亦莫不有此匠心之獨運，無處而不見其有一種藝術精神之存在。此則有待於更端詳說。

今我所欲特地在此一提者，唐代慧能以下之禪宗，實已從達摩西來大大轉手，循至於「翠竹黃花，皆是佛性；運水搬柴，莫非神通。」則學禪不須再面壁，菩提即在煩惱中。又如華嚴宗既有「理法界」，又有「事法界」。既有「理事無礙法界」，又有「事事無礙法界」。此即中國佛學趨向於精神物質兩相調和之明證。「後生可畏，焉知來者之不如今。」邇來西方科學傳入中國，如何能不走上偏重物質、征服意味太濃之帝國主義與資本主義之覆轍，則正亦有待於此後國人之智慧與努力。

此篇偶取梁、胡兩家宿案，借發己意，並非於兩家意存軒輊。至於是否亦有爲梁、胡兩家調和求中之微薄功用，則待讀者之明斷。

（一九七六年七月二十六日臺灣中華日報副刊）

中國學術與中國文化

一

中央研究院召開國際漢學會議，這是國際漢學會議在中國召開之第一次。敬獻芻言，以供赴會諸學者與社會關心此會議人士之批評與指教。

二

人類生存在此同一世界上，人生該是大同的。但因天時氣候、地理物產以及山川形勢種種不同，影響到人生的習慣不同，積累成歷史的不同，而民族文化遂各相異。尤其是中國與西歐，相距遠，接觸少，形成兩種不同文化，是無足詫異的。

大體言之，中國人重「和合」，西歐人重「分別」。因此中國自黃帝、堯、舜以來，迄今五千年，早造成一國家，共戴一中央政府，有一共尊的王室，廣土眾民，綿延不輟。中間雖有分裂，那是暫時之亂，而歷史大趨勢，是向和合的一條路前進的。

西歐如古希臘，僅在一小區域的半島上，但不能組成一國家，沒有共戴的中央政府。羅馬以一城市，征服了義大利半島，征服了地中海四圍。但是一帝國之向外征服，與中國之內部團結而成爲一國家者不同。直至他們所謂現代國家興起，在西歐一地區上，締成了幾十個國家，不相統一。

由此引起第二個相異。中國人是主張向內凝聚的，西方人是主張向外擴展的。就經濟生活言，中國以農業人生爲主。五口之家，百畝之地，大家一般。結爲鄉黨鄰里，推而至於全社會，使幼有所長，老有所養，便够了。西方以商業爲主，必求向外依存，演進而爲近代之資本主義社會。

此兩大異處亦反映在知識的探討上。西方人對知識重向外尋求，分門別類，形成各專家。中國人對知識重在各人內心自己體認，融通和會成爲一體。故西方學問分文學、哲學、科學等各部門，而中國學問則分爲經、史、子、集，不從其知識內容作分別。

如古詩三百首，不得專認爲是一文學書。風、雅、頌之分體，主要皆運用在政治上。其分體創自周公，但周公亦不得稱是一文學家。屈原離騷，主要亦從實際政治來，屈原亦不得僅認爲是一文學家。會合詩、書、禮、樂、易、春秋而稱爲「經學」，其間便有甚不同之內容。會合儒、墨、道、法、名、陰陽諸家而合稱爲「諸子」，其間亦有甚不同之内容，不得專稱之爲「哲學」。孔子絕不當稱爲一哲學家，論語亦決不是一部哲學書。莊子一書稍近於西方之哲學，但即就内篇七篇言，會通天地萬物，而一歸之於人生問題，乃正是中國學問與西方哲學家之分門别類向外探討有所不同。

此下如唐代之李、杜、韓、柳，歸入「集部」，中國人亦稱之爲文學家。但論其學問來源，顯然與經、史、子三部之學有甚深根源。中國人於經、史、子三部之外，增有集部，乃從其著書之體裁言，不從其學問之内容言。前人早已指出集部即子部之流變。即如後代元末明初，有施耐菴之水滸傳，清代有曹雪芹之紅樓夢，其書更近似西方之所謂文學；但其書稱「小説」，根源應仍在子部。其書中内容，亦與中國固有傳統經、史、子三部有甚深之關係。

其他自然科學一類，中國亦有成家立説者，則盡歸於子部。可見中國人對學問，雖亦知有分别，而更要則在會通。子部較多分别，而經部則更尚會通。子部中以儒、道兩家爲最能會通，故後代於子學亦惟以儒、道兩家爲最重。

故西方人各項學問雖各涵有人生内容，但不妨有各項學問之分類。中國則各項學問皆同一歸本人生。而過分分别，則非學問之大宗，比較視爲不重要。故經、史、子、集四部之學，經、史爲首。其實在經學之中即有史，亦可謂六經乃古代之史學。而後代史學亦必源本於經、子兩部。集部比較更可分别成家，故居後。主要言之，四部之分，實重在時間上。論其内容，則異流同源，乃是一本。西方無經學，勉强比附，則耶穌新約似可稱爲西方之「經」，但與中國經書意義大不同。而西方史學則較後起。此可見中西雙方求知成學之不同，而人生不同亦由此可見。

三

惟其中西雙方人生不同，因此中西社會亦不同。西方如馬克思所謂「農奴社會」、「封建社會」、「資本主義社會」、「共產社會」等名稱，不能勉強用之於中國。中國古代是一「宗法社會」，戰國以下是一「四民社會」，士、農、工、商四階層中，尤其是「士」的一階層，與西方更見不同。亦可謂西方社會並無像中國士的一階層。若勉強比附，西方之宗教，尤其是傳教徒，或可說略近於中國之所謂士。但西方政教分，中國政教合，又是一大不同。

西方社會與中國不同，因此西方政治亦與中國有不同。近人稱「漢帝國」、「唐帝國」等，甚爲不妥。中國立國絕不是一「帝國」，而漢、唐則只是中國歷史上一王朝，非一國家。又中國自漢以下，乃一「士人政府」，由社會中的士來組成政府，亦絕非一帝王專制的政府。

中國賦稅有制度，絕不由帝皇專制。兵役有制度，亦絕不由帝皇專制。用人有制度，亦不由帝皇專制。故歷代王朝有變，而政治制度則有傳統，歷代相循，無大變故。在中國有「通史」，如杜佑通典，馬端臨文獻通考等，專講政治制度，始爲通史；與西方通史又不同。

中國與西方人生大不同之點，尤在家庭制度上。中國家庭制度最重要有兩項：一爲夫婦，又一爲父母。此兩項中，男性與女性同在平等重要之地位。故中國人重視女性，尤較世界其他民族爲特出。試觀中國歷史上女性寫入歷史的，特別多。即此一項，可證其傑出。

四

再進一步言，亦可說中國學問是人生的，而非知識的。人生有一大全體，知識只是人生全體中之一部分。因此中國人看重知識，同時亦看重情感。全世界沒有無情感的人生，因此亦沒有無情感的學問，與無情感的眞理。但情感亦需會通在人生全體中，乃始有其意義與價值。不能在人生全體中單獨分別出情感一項來。惟其情感在人生中有地位，因此中國人生是看重羣體更過於看重個人的。中國人看重個人在其德性方面，德性即情感；而不單獨看重個人之功利，即私人謀生的職業方面。

因中國人講人生，最看重每一人之德性。人的德性上有兩大別：即男性與女性，中國人謂之曰「一陰一陽」。陰陽兩性調和融通，始成人道。在人道中，陰陽有分別，但貴融通而成一體，不貴分別而啟相爭。

中國人講人生，重「禮」不重「法」。男女配合爲夫婦，亦主禮。其次則家庭、國家、社會均不主法而主禮。禮是人與人相交一大道，其中有愛亦有敬，可親亦可尊。人人對外面必應知有可親、可尊。人人知在外面有其可親與可尊，此爲人生一安慰。人生在此世界必有人親我、尊我，亦人生又一大安慰。結爲夫婦，即當知有相親、相尊之道。此道之表現，則爲禮。推至於家與家，國與國，亦如此。則世界自臻於大同。

經商與作戰，相互間無相親，亦無相尊。故求富求強，乃爲中國人所力戒。中國人一切學問知識，一切職業行爲，均集中在此一點上。先求我對人有愛有敬、知親知尊爲出發點，始能求人之對我亦有愛有敬、知親知尊爲歸宿。此始是人生一大安慰，亦人生一大理想。凡屬中國學問，亦皆從對前人之愛、敬、親、尊來。孔子曰：「述而不作，信而好古」，是也。如經、史、子、集各部分的學問，均當從此一意求之，乃爲中國文化傳統之特性與基本所在。其是非得失，則亦胥當由此而判定。

（一九八〇年八月十四日中央日報專欄，爲中央研究院召開中國第一次漢學會議作。）

從中國社會看中國文化

一

近百年來的中國歷史，乃爲中國爭國格、爲中華民族爭人格的歷史。爲國家爭國格，爲民族爭人格，必先具備對自己國家民族的自信心。要對國家民族發自信心，先該認識我們民族的優秀，我們國家的光榮！這種認識亦不能憑空建立，我們該根據國家民族的傳統文化來求證，來起信。

我一向講中國文化，都從中國歷史講，這一次改從社會講，我的講題是「從中國社會看中國文化」。爲什麼講中國文化要從歷史與社會講呢？我認爲文化只是人生，只是人生的式樣。但此不指個人人生言，而指集體人生言。只有集體人生、大羣人生之某種式樣始得稱之爲「文化」。但一講到大羣人生，則決不是一天所能形成，大羣人生必形成於傳統。因此，講大羣人生，必牽涉到歷史。我們只有從歷史傳統上，始能眞確的認識到大羣人生。因此我們說，文化是一個立體堆垛人生，它必帶有歷史傳統性。

但歷史是已往的，而社會則爲現存的。如說社會是一個發光體，那麼歷史就是這一發光體所放射出來的光。必待有某樣的社會，始能產生出某樣的歷史。

而且歷史傳統文化，雖說是過去了，但實際上，過去的仍存在於社會。現社會之一切，即由過去傳統而形成。所以從社會看文化，才可把握到眞正的活的文化之一面相。

我們大家知道，中國歷史是悠久的；我們也該知道，中國社會是博大的。中國疆土如此遼闊，人民如此衆多，但一說到中國社會，則到處一色。即以臺灣論，它在中國歷史上，開發較晚，到現在也不過才三百多年，而且中間曾有五十年受日本統治，可是臺灣的社會顯然仍是一個中國社會。再如南洋各埠華僑，寄居異國，在異國統治下過生活，可是南洋各埠的華僑社會，我們仍可說它是一個中國的社會。這就說明了，不但我們中國歷史的特徵是悠久的，而且中國社會的特徵是博大的。

我們現在要進一步問，何由形成這樣一個具有廣大特徵的中國社會的呢？換言之，形成中國社會的主要因素是什麼？再淺言之，中國社會與其他民族所組成之社會間究有什麼不同？這一問題，並不很容易答。我們雖生存在此社會中，我們未必能自己知道我們自己的社會。所謂「不識廬山眞面目，只緣身在此山中」，正如我們生活在空氣中，我們可以並不知道有空氣；又如魚生活在水中，魚可以不知道有水。人生活在某種文化中，也可不知道有所謂「文化」這會事，更不論所謂文化的意義與價值及文化之特徵了。

二

我們此刻要瞭解中國社會，不妨把西方社會來作一比較。由於中西社會形成要素各有不同，而使中西社會各有其不同的特徵。現在我們且從西方社會談起，或可容易瞭解此問題。

我認爲西方社會的形成要素，可分三點說：一是宗教——大體說之，可謂其源自希伯來文化；二是法律——可謂其源自羅馬文化；三是生產關係——包括生產組織及生產技能。此一項目之所以成其爲形成西方社會一主要因素者，大體言之，可謂其源自希臘文化。現代西方人憑了這三個要素，來凝結各個人於一體，而始形成了西方現代的社會。也正因爲這樣，所以西方人觀念上常以「個人」與「社會」相對立。我們正可說西方社會，是把各個人用宗教、法律、經濟三項，像三條繩子一樣來束縛於社會中。也正因爲如此，所以西方社會中常發生「平等」、「自由」、「人權」種種之呼號。此種呼號正是個人對於社會束縛所發生的呼號。但上舉宗教、法律與經濟關係之三項，在某一面講，固可說是在束縛個人；但另於某一面講，自然也是在保障個人。宗教，保障個人之尊嚴；法律，保障個人之安全；經濟關係，在保障個人之福利。

從西方現代社會中醞釀出共產主義的社會。他們是要抹殺個人，來完成他們所理想的社會的。他們不認有個人的尊嚴，所以不需要宗教；他們也不讓個人有安全的保障，所以也不需要法律。馬克思的唯物史觀就是他們所倡導的新宗教，列寧、史太林的極權統治就是他們所根據的新法律。他們認爲形成各種社會特徵之唯一要素，只是生產技能與生產組織。只要生產技能與生產組織變，社會一切自必隨而變。因此，共產社會是唯經濟的、唯物的，他們僅要有一個「社會」，而不許此一社會中有任何一「個人」。他們之所謂社會，其實則僅是一個生產機構與生產組織而止。由於他們這一番理論來談社會形態，於是有所謂「奴隸社會」、「封建主義社會」、「資本主義社會」與「共產社會」等等的分別與演進。

我們此刻只可說共產主義者的思想與理論，只是西方現代社會之反動，一種要求使社會簡單化，要求消滅個人與社會對立，而以社會來吞滅個人的一種偏激的反動。

但如果社會眞能吞滅了個人，試問天地間那能有沒有個人存在地位的社會的呢？這一種沒有個人獨立自存之地位存在的社會，則必然是一種機械的、唯物的。然而我們則認爲社會必然是人羣的，不可能是唯物而機械的。

因此，我們說共產社會，乃是一種反人性、反社會性的社會。

若我們上面所約略陳述的西方社會之所由形成的大體形勢果得些近似，讓我們再回頭來看我們中國的社會。今問中國社會又是怎樣形成的呢？中國社會裏同樣有宗教，但我們不認爲宗教是形成中國社會一主要的因素。例如佛教吧！中國在沒有佛教以前，以及佛教傳入以後，中國社會的特性並沒有多大的變化。佛教之由無而有，由盛而衰，都可說在中國社會之本質上無大變動。因此我們仍不能說宗教是形成中國社會一要素。

再說到法律，中國社會裏當然有法律，但法律亦非形成中國社會的一要素。窮鄉僻壤不知法律爲何物，而偌大的一個國家，也特別成其爲一個沒有警察的國家。至論臺灣與南洋華僑，在異民族法律統治下，仍然成爲一種具有中國特徵的社會；由此可知，法律決非形成中國社會一要素。

至於經濟關係，自然任何社會都不能脫離它應有的影響，但它也決不是中國社會形成一要素。因此我們若以唯物史觀的社會分類法來推論中國社會，則必然會感到一無是處。首先，在中國歷史裏，實在並沒有像西方所謂奴隸社會之存在；其次，中國在周代，雖曾有過封建社會，但它與西洋中古時期之所謂封建社會仍不同；第三，中國早有很像樣的工商業，也早有了大都市，又早有了中產階級與自由分子，但中國卻從不能產生出資本主義的社會來。

根據上所陳述，可想中國也決不能完成一個依照共產主義者所想像的社會。

再進一步言之，在中國人觀念裏也並沒有個人與社會兩觀念之對立。因此在中國思想史裏，也沒有明顯的個人主義與社會主義之對立與起伏。惟其在中國，因爲沒有明顯的個人與社會之對立，因此在中國也就沒有平等、自由、人權等的口號與呼聲；即連「個人」和「社會」這兩個名詞，也都由西洋翻譯過來。這可證在中國，本來沒有此種對立的兩概念。

但我們不能說中國沒有社會，沒有個人；但中國人何以始終不感到此兩者間有一種分別的對立的呢？這一問題，便該問到中國人由何途徑來把個人組織成社會？換言之，便該問中國社會形成的主要因素，究竟是什麼？

三

今爲簡單直入本題中心，恕我扼要直說。在我個人的看法，中國社會形成的主要因素只是「禮」。而中國的「禮」字，在西方也沒有一個恰切的字來翻譯。

最初的「禮」字指祭祀，涵有宗教性。這是人與天相接、人與神相接所採取的一種方式和行爲。稍後到西周封建乃及春秋時代，中國文化逐次演進，宗教勢力漸爲政治勢力所吸收、所調整，與政治相融合，於是禮乃滲入了政治性，而且政治性的涵義更要於其宗教性。這時的禮，乃是上與下相接，或說是當時貴族階級內部相交接，所採取的一種方式和行爲。如說君君、臣臣、父父、子子，這都可說指的當時一種貴族禮。這時的宗教則已經爲政治所吸收，而加以消融與調和。宗教政治化，禮亦隨而政治化，故說中國古時代的政治重「禮治」。

但在那時還只有貴族禮，所以說「禮不下庶人」。到孔子時，始有士禮，如儀禮十七篇。再後到戰國，於是始有平民禮，那時中國的禮始漸能遍及全社會之全體各個人，而成爲一種人與人相接的，即日常人生的一種方式和行爲。

由上所說，可知禮的發展，先由宗教性的，漸次落實而爲政治性的，又漸次落實而成爲社會性的，即日常人生的。因此在中國，禮的第一階段涵有宗教性；在第二階段又兼涵有政治性與法律性；在第三階段，則更涵有一切關涉於生產的經濟性。所以，在中國「禮」字的範圍內，有宗教、有法律、有經濟關係；然而中國的「禮」字，決非宗教、非法律、非經濟。此因禮不純屬於宗教、或法律、或經濟的，而是兼涵有此三者的。

就西方社會論，也不是沒有禮；但禮在西方，決不是形成西方社會的重要一因素。這正如宗教、法律、經濟三項，也不是形成中國社會的主要因素是同樣的。

上面所說的禮，包括有宗教的、政治的、日常人生的三方面。但這三方面有一共通性存在。因人不是孤立，必然與其外圍有接觸，中國人則把此一切與外圍接觸的所當然之方式和行爲都認爲是禮。如人與人相接是社會的、倫理的；人與君相接是政治的、法律的；人與天、與神相接是宗教的、信仰的。禮在這種種相接上，又有一個共通的作用，就是藝術的。所以「禮者，飾也」，這是說禮是一種人生的文飾，是人與外圍相接時所應有之文飾。換言之，禮是一種人生的藝術。在人與其外圍相接時的種種藝術，就叫做禮。

禮又有一共通的精神，所謂「禮自卑而尊人」，又說「君子恭敬撙節退讓以明禮」，又說「恭儉莊敬，禮教也」，都是在說明禮的主要精神，在恭敬與他相接觸之對方。所以禮的共通精神對外則是敬，對己則是自謙卑。

禮既在恭敬與他相接觸的對方，那麼我們要問，我們爲什要要尊敬對方呢？要知道我們尊敬對方，不是在尊敬對方的某個人，而在尊敬對方的人格。對方人格又爲什麼值得我們尊敬呢？這就要說到人性之當尊。中國人主張人「性善」，主張「人皆可以爲堯、舜」，又進而主張人可以「參天地、贊化育」，所以說「人者，天地之心，萬物之靈」；人之可尊者在此。又從另一方言之，「凡同類者皆相似」，彼人也，我亦人也。尊敬對方，即是在尊敬自己；要尊敬自己，就必須尊重對方。要尊重自己，便不能不尊重自己之所由生，所以必須敬生我的父母；要尊重自己，又不能不尊重自己之所由成，所以不能不尊敬師長；要尊重自己，不能不尊重自己所由安，所以又必須尊國家，尊君上；要尊重自己，又不能不尊重自己之所由出與所由歸，所以必須尊敬天地。如是則中國人已把一「禮」字來貫通了人己羣我、天地萬物。

因此，禮必歸本於仁。

西方的觀念便不同了。從西方的宗教看，似乎只有「愛」，沒有「敬」。耶教講「博愛」，佛教講「慈悲」，都只說愛，不說敬。同時，宗教所敬的對象在外面，不在人羣之本身。所以耶教敬上帝，而以上帝之愛來愛人；佛教所敬者是佛，以佛法之慈悲來救度衆生。故宗教上所謂愛，乃是一種人道主義者，乃是一種悲憫主義者，乃是一種救苦救難超渡主義者，乃是以一種居高臨下之姿態而出動者。

中國的禮，則是一種人本主義者。其所敬的對象即在人之本身，所敬爲對方之人性，爲對方之人格。人之本身即爲一可敬者。我敬人非敬某一人而乃敬人之性與人之格。敬君乃敬君格，非專爲某一君。敬父乃敬父格，非專爲某一父而敬。臣有臣格，子有子格，亦復如是，皆所當敬而敬。於是禮若爲一種形式主義者，乃是就其通形而加以文飾，使人生成爲一種藝術美。

嚴格言之，西方的宗教也有禮，西方宗教所行之禮也是敬。然西方宗教所敬在人類之外而不在人羣之自身。於是西方宗教遂成爲出世的。既是出世的，因此，專憑宗教，不能形成了社會。

中國的禮之所敬在對方，即在人類之自身。所以是入世的、是實踐的。如冠婚、喪祭、射御、朝聘等，都包括在禮之中；如修身、齊家、治國、平天下，都在禮的範圍之內。

西方宗教既是對立的，因此西方社會，也到處都見是對立。例如「上帝」和「人羣」爲對立，也就是「塵世」與「天國」爲對立，「內」與「外」爲對立，「自然」與「人類」爲對立，「社會」與「個人」爲對立，「夫」、「婦」爲對立，「資本家」與「勞工」亦爲一對立。這樣引生，於是遂有共產黨階級鬥爭理論之產生。

中國的禮是把「內外」、「人己」的對方，都通和爲一了。「禮」以「仁」爲本，仁即有通義，所謂「仁者，以天地萬物爲一體」，又說「禮之用，和爲貴」，可見通和合一爲禮之本。近人誤認禮爲階級的，這實在是大錯誤。

四

其次，再看中國的禮，如何從現世通透到非現世？此即是由敬生轉到敬死，由敬人轉到敬鬼神。要瞭解這一問題，必先認識中國人對「鬼神」的觀念。中國人認爲，鬼者，歸也；神者，伸也。所謂鬼，就是死人之謂，人死後就回到他的老家，也就是回到大自然，所以叫做「歸」。歸便沒有了，但「神」則仍存在。中國人認爲人死後便回復到大自然，不復存在了。所存在，則只存在於大自然中，並不另有一鬼即「靈魂」之存在。至於神，則是人中有特出者，在其死後仍能發出光輝，影響後代人生，永永不滅。這種光輝和影響提升不滅，就是「伸」。中國人之所謂神，即指此種人格之光輝與影響之流傳不滅者而言。故曰「所過者化，所存者神」，「化」就是鬼之歸，已經沒有；「存」則存其光輝影響而稱爲神。

中國人既認爲生人該敬，則死了的人也該敬。所以由敬祖宗進而爲敬鬼神。社會對前人敬禮不忘，於是有祭祀與禮拜。一般說來，家庭祭祖只三世而止，大家庭亦僅至五世、七世、九世；隔遠了，便淡忘了，而不再對之敬禮了。但遇大人物可以百世之後而仍受人類共同之敬禮。這些大人物，舉例來說，在臺灣如吳鳳、鄭成功；在大陸如關羽、岳飛等，都是以其自身生前對社會國家有特殊之功勛，特殊的人格感召，所以能超乎家族血統關係，超乎時間上之三世與五世之紀念，而爲人羣永久所共同敬仰與禮拜。這樣一來，遂使歷史與社會打成一片，生人的社會與死人的社會一以貫之。推廣了人類對人生之敬意，使由敬生人而敬死人，由敬死人而敬歷史，敬傳統。所謂死生一以貫之，就是歷史與社會通和爲一。

我們崇拜古人，也可說是在把時間凍結，使某人格最光輝的一段歷史，能在後代人不斷回憶中如在目前一般。這不是一種人生的最高藝術嗎？譬如說，我們紀念鄭成功，便想到造一所廟，塑造起他的神像，俾便時時來禮拜。這決不是崇拜偶像，而實是一種藝術人生，更不是如人所譏之所謂「祖先教」或「封建思想」。當知人生都敬愛其父母，而父母死後繼續加以一番敬禮，這也不便是封建思想，這是一種凍結時間生命使其記憶常留的一種藝術。

中國的禮，先由敬生轉到敬死，其次再由敬人進而敬天地自然。人既以天地自然生，又須回到天地自然中，故敬人連帶到敬天地。而且中國人不僅敬天地，又連帶到敬萬物。這決不是西方人所說的「多神教」，只是我們認爲萬物與我並生，我可敬，當然萬物亦可敬。故如吳鳳死後，社會敬爲阿里山忠王，我們把崇高的阿里山，和吳鳳崇高的人格一致敬意，這也並無不合的。而阿里山上的神木，也同樣受到遊人之敬拜。這也決不是所謂「拜物教」，也不是爲了對它們有所畏懼，或有事求乞而來諂媚牠們。這並不一定是一種迷信。這裏有一種人生的藝術化的、深妙的涵義存在。

所以中國的禮，乃是在求融和天地萬物、人類上下古今而成爲一體。所謂「禮者，體也」，就是以天地爲一家，中國爲一人，萬物爲一體。這樣一來，禮與仁，敬與愛，人文與自然，就均融和不見其敵對了。

而這種禮卻均出於個人，一切發動於個人之內心，就是出發於每一人之天賦的情與性。所以說「禮者，出於人情」，又說「合情飾貌，禮樂之事」，就是這個意思。

因此我們可以說，由於禮的進化而到達其所最後的期望爲天下太平與世界大同，這也就是人性發揚的最高階段。禮運篇就是依此旨趣而闡發。

以上說明了中國「禮」字之精義，也可以說是禮的哲學之說明。但是禮以「時」爲大，所以禮可以「義」起，又必隨「時」而變。所以後代發生了「古禮」與「俗禮」之爭者，都爲是不通禮意，不明禮之本源。禮本無古今，無新舊，主要在能順情而達性，總以不失恭敬、撙節退讓、自卑而尊人之大意者爲是。

「舊禮」與「新禮」之爭，也如是。只因爲經生治禮不明大體，故而引生了許多的爭論。其實秦、漢以下也並不是沒有禮，當前的社會也不是沒有禮。故說：「禮失而求諸野。」中國社會的日常人生中，其實都有禮意存在，不可因其非古而一概輕蔑了。但秦、漢以下也有失禮之禮，如叔孫通因秦儀而定爲尊君卑臣之朝儀，就是失禮意之大者，而後代因承不能改。這是該爭的。

所謂「禮失而求諸野」，即以平劇爲例。平劇是最通俗，但我們在平劇中，可以發現從以前社會保留下來的許多禮意。禮樂鼓舞，感通人心，大可於平劇中見出。於此可以證明俗情就是禮意之根本所在。若抹殺俗情而來高談禮意，這又是一大錯誤。

五

現在，讓我再說一下中國社會之「博大性」與其「堅強性」。中國社會之博大性，乃導源於其「和通性」；而中國社會之堅強性，則是導源於其「安定性」。第一，中國「社會」不與「個人」爲對立；第二，中國「社會」不與「政治」爲對立；第三，中國「社會」不與宗教想像中之「天堂」爲對立，又不與「歷史傳統」即死人的社會爲對立，又不與「天地自然界」爲對立，即非人類的社會爲對立。此因中國的社會，直接安頓在人身上，也即是直接在人性上。宗教、法律、經濟，都是以人性尊嚴爲本。中國社會又以家、國、天下三者爲其進退伸縮之範疇。有了家，則個人有了歸宿，有了安頓。如果一旦社會崩潰，個人仍可退向家庭有其寄託。所以在歷史上，天地閉，賢人隱，貞下起元，不乏其例。

由齊家進而有治國，有了國家，社會才有保障。但是中國社會，自有其存在之重心。遇到國家政府崩潰，社會生命仍可以存在。而社會亦不與政府與國家相衝突，政府亦不嚴格管制社會，所以法律的地位不高，而政府亦即包容在社會中，而成爲社會的一部分。因此，中國沒有社會對政府反抗的革命，亦沒有個人對政府反抗以爭自由、爭人權的革命。中國歷史的亂，並不能與西洋史上的革命相比擬。

由治國再進而平天下。國家只是社會的一部分，因此，國與國間不該有衝突，國與國間仍該是一體；因此，治國即可以進而平天下。但是天下不平，仍可以退而治國；國不治，仍可以退而齊家；家不齊，仍可以退而修身。社會儘管博大，但最後仍落實到個人身上。一切亂了，失了憑依，而個人仍可存在，仍可奮鬬。因爲人性尊嚴，人格尊嚴，以禮自守。所謂「不知禮，無以立」，個人即以守禮而巍然獨立於天地間。

又因爲我們相信人性是善的，人與人相接，即可以發揮人性之善。就可以由個人之修身，進而齊家、治國、天平下。所以說「天下興亡，匹夫有責」。天下興亡之樞機在匹夫，在人性之同善。

六

至論近代中國社會之所以解體，最主要者還在國人自己看輕了自己社會根本之所在。今天的中國社會正在一切由「禮」轉到「法」。人與人相接，不重禮而重法，致使原有的社會根本動搖。如婚姻法律與夫婦之禮，學校法律與師生之禮，如政府法律與上下之禮，這其間有不同。若使夫婦間僅有婚姻法，而更無夫婦之禮，則居家之道苦。若使學校裏僅有一切法，而無師生之禮，則教學之道也苦。今日人生草草，厭其固有，以前習俗全遭破壞，而不知社會習俗中也存有禮意。例如一年中時會歡樂，如新年，如清明掃墓、端午競渡、重陽登高、中秋賞月、冬至祭祀等，中國社會上每一節會都有每一節會的意義，都能由此鼓舞人心，把天然自然與歷史傳統來與現社會日常人生融和合一。再如廟宇、祠堂、墳墓的建築及祭祀，也各有其特定的意義。今天的中國社會，由於衣冠文物之劇變，使社會習俗受到徹底破壞，因而人生失去了樂趣，社會失去了重心。

在這種情形下，共產黨更是要竭意破壞中國社會，因而其禍害更甚於其破壞中國歷史。現在的問題是在如何復興禮樂？因只有復興禮樂始可以復興社會，而復興社會，即所以復興國家；復興國家，始可以復興民族與歷史，復興文化之傳統。

雖說制禮作樂，非聖人莫屬，但愚夫愚婦亦皆能與焉。禮樂興亡，同樣是匹夫有責。只要從大本原處，從民族情感、大眾情感之歡欣鼓舞處，通情達性，以恭敬退讓撙節之心躬行實踐而達之於外，即是禮。

蔣公以前提倡「新生活運動」，最近又補述民生主義育樂兩篇，其用意也正在從日常人生，即從禮意上來求復興中國的社會。所以我這一次特地提出這一題目來請大家注意和討論。

（一九五四年九月三、四兩日臺北中國青年反共救國團學術講座講詞；載於是年九月幼獅雜誌二卷九期。）

中國文化之特性

一

人類文化，即是人生一綜全體。人生可分兩部分：一曰物質部分，以身爲主；一曰精神部分，以心爲主。文化亦可分兩部分：一曰自然文化，又一曰人文文化。自然文化以「人」對「物」爲主，人文文化以「人」對「人」爲主；換言之，亦可謂是以「心」對「心」爲主。物質人生與自然文化屬先起，精神人生與人文文化屬後起。中國人以自然屬「天」，人文屬「人」。亦可謂物質人生與自然文化屬「先天」，精神人生與人文文化屬「後天」。後天從先天中演出，但亦不能違異先天而自有其獨立之存在。中國人之人生理想乃及文化理想，則貴能以人配天，而達於「天人合一」之境界。

先天的物質人生與自然文化，乃屬基本的。後天的精神人生與人文文化，則屬進步的。基本的在低階層，進步的乃高階層。天地生物，最先只是物質低階層方面。中國人觀念，凡屬物質必有「性」，

「心」則又從性中演出。故「性」屬先天，「心」屬後天，中國人稱之爲「天性」與「人心」。故心性之辨，即是天人之辨，亦即是物質與精神、自然與人文之辨。中國人的人生理想及其文化理想，主要在不違基本之進步，即是不違自然而建立人文，而一切貴從人心出發。心對物，有理智。人對人，心對心，則有情感。中國人之人生理想與文化理想，重視情感乃猶過於理智。

一切既由心出發，主要更在心對心，此乃人類最大的自由。但人心進步不能違離了性，此乃人生文化理想一最終極的限制與規範。孟子曰：「盡心知性，盡性知天。」此是說：人類貴能從各自後天之心來認識先天、共同之性，由此已即是認識了天。天即從人身上去認。

心屬人，在人類自身之內部。性屬天，在人類自身之外部。故要認識心，可向各自內部己心去認。要認識性，可向外面人性共同處去認。人生文化理想，不能有外無內，亦不能有內無外，貴能「內外合一」，換言之，即是「心性合一」，亦即是「天人合一」，亦即是心與物、人文與自然之合一。人類生活在自然界之中，不能離物以爲生。但人類同時亦生活在人文界之中，此人文界，乃從人羣相處，即由心與心之相交，從其心之融和合一而演出。故天與物，若在人與心之外部，實亦在人與心之內部。外部轉是其基本處，而內部轉則爲其進步處。

二

今日人類所處之自然界，已與原始人時代之自然界大不同。今日凡與人類切身相關之自然界，多已經人類之心靈創造，而成爲人文化的自然，也可謂乃是符合人類理想之自然。原始自然，並不盡符人的理想，所以荀子要主張性惡論。但原始自然並不曾限制人類心靈之自有其理想，而使自然日益接近於人文化，所以孟子要主張性善論。易傳上說：「先天而天弗違，後天而奉天時。」此是說：天地自然，儘許人加進人類自己的理想，但人類雖求儘量加進自己理想，亦終不能違離了原始自然的基本規範，此賴人類之聰明。但究極論之，人類聰明，仍屬天賦，仍是得天之放任而如此，故又曰「聰明天縱」。惟天縱聰明，則終是表現在少數人身上，並不是人人各可獲得此聰明。換言之，多數人仍屬自然一邊，人類的理想則只由少數人來代表。多數是人類的基本，少數乃代表人類之進步。故「孟子道性善，言必稱堯、舜」，堯、舜即是人類中之少數，孟子乃從少數人着眼。但既同屬是人，少數人能如此，多數人自可逐漸進步到也如此，也和少數人一般。故在人類理想上，少數人宜可代表多數，故孟子徑稱之曰「性善」。荀子則從多數人着眼，從原始自然着眼，乃惟見人性之惡。但從天地原始自然中演出人類，此已是一進步，也已是一善。更由人類中演生出少數，則更是進步，更是一善。即在荀子，也主張由多數人來學樣少數，如是纔有進步，纔有善，如是乃可從自然演進到人文。此是孟、荀兩家之所同。但依荀子意，似乎不免要由少數來限制多數。而孟子意，則由多數自由向少數看齊，其進步與善仍是一自然。人文演進，亦可說即是一自然演進。故就天與人言之，荀子主張「以人勝天」，而孟子則主張「以人配天」。一主「天人分」，一主「天人合」。後代的中國人，則寧信孟子，寧以爲性善。只是人類之自然進步，而非限制與壓迫所可能。

三

宋儒周濂溪通書中說：「士希賢，賢希聖，聖希天。」中國社會相傳之所謂「士」，即是人類理想中之少數。「賢」與「聖」則是更少數，乃至是極少數。中國人認爲：只有人類中之更少數乃及極少數，始能運用天賦人類的高度自由來創出理想而引導人類向前，使人類能在自然的低階層上來建築起人文的高階層。

濂溪通書中所說之「士希賢」，又指示出兩個標準：一曰「志伊尹之所志」，一曰「學顏子之所學」。此兩標準，一向外，一向內。伊尹所志向外，對人亦兼對物。多數人只懂自然人生一邊之物質要求，而引生出對人對物之無窮鬪爭。伊尹則視民飢民溺，猶己飢己溺之。把人類各自的私問題，轉換成人羣共通的公問題，把外面對物問題轉成爲內部對心問題，把自然問題轉成爲人文問題。此種心情，此種責任，則只能落在少數人身上，而伊尹把此來擔當了。但要志伊尹之志，進一步不能不學顏子之學。顏子之學則專向內，專在自己內部心上做工夫。舉例言之，如「不遷怒，不貳過」，「有若無，實若虛」，皆是。多數人心，易生氣，一事遷怒及他事，又把錯誤認作爲自己之性向所好。人類心與心之不相通，其端正在此。而又沒有裝作有，空虛裝作實，此心全向外面用。此只是一種原始的「自然心」。顏子則要把此原始自然心經過最高陶冶與修養，成爲高度進步之「人文心」，來適宜運使於人文理想中。故須配合伊尹之志與顏子之學，乃始見得中國人的人生文化理想，務求融心物、合內外、通羣己天人而爲一之境界。

再進一層言之，伊尹之所志在堯、舜，顏淵之所學爲孔子。堯、舜乃中國上古聖人，偏重在政治一面。孔子乃中國中古聖人，偏重在教育一面。堯、舜、孔子相隔已近兩千年，中國人的人生文化理想，由堯、舜展演到孔子，其間有一大傳統，亦有一大進步。孔子弟子有若說：「孔子賢於堯、舜遠矣。」孟子道性善，「言必稱堯、舜」，但又曰：「乃我所願，則學孔子。」孔子以下的中國人，更把教育事業看重過政治事業；而周濂溪之所謂士之希賢、希聖，則更看重在少數人之自我教育上。

四

中國社會，遠自戰國以來，即成爲一士、農、工、商，以少數士人爲首的一個傳統的「四民社會」。自漢武帝以下，中國政府，也成爲一傳統的「士人政府」。學校教育乃及選舉、考試一切政治制度，均在培養選拔少數士人參政，而使政府幾乎清一色的由士人所組成。即高踞政府最上位的皇帝，亦必與士人接受同樣教育。故中國人之文化理想，亦可謂是「政教合一」的。由教育來領導政治，由政治來輔護教育。而孔子則被稱爲「至聖先師」，其地位遠在歷代帝王之上，而爲歷代帝王之所共同尊奉。

中國社會之士階層，亦有其共同信仰，惟與世界其他宗教信仰不同。一切宗教信仰，全屬出世的、反自然的、非進步的；而中國人所信，則自修身、齊家、治國、平天下，徹頭徹尾，乃是一種人文信仰，亦可稱爲是一種「人道教」，由「政教合一」而達於「天人合一」，以在天地大自然中完成其天下太平，世界大同，爲終極理想之所在。

中國社會之士階層，亦有其一套共同理想，乃亦與其他社會之有哲學思想不同。一切哲學思想所追求，往往先注意在形上學宇宙方面，由此再降落到實際的人生論。而中國人理想，則只在此人生現實中。直從人生現實中展演出理想，一切理想亦斷不違離此人生現實。在其他哲學思想中，有「唯心」、「唯物」之爭。中國人思想，則主「心物合一」，亦即是「天人合一」。其工夫，在由「心」來領導「物」。其終極，在由「人」來配合「天」。

中國士階層之所志所學，又與現代科學有不同。現代科學，重在向外探索，以自然物質爲主，然後以其探索所得，回供實際人生之利用。其視人心，亦如其視自然物質般，由「物理」而「生理」而「心理」，一貫相承，著重點仍在外。中國傳統學術，重「人心」尤過於重「物理」，重「內」尤過於重「外」。大學言「格物致知」，但主要在求「止於至善」，故其窮格物理，主要仍在人事上。人文大道乃格物之終極目標，而自然物理只爲其附屬之一部分。中庸言「盡物性」，以「盡人性」爲前提。若不先在人性上用工夫，徒求盡物性，則核子武器，乃屬殘殺人類之新工具；登陸月球，亦將爲爭取殖民之新戰場。而中庸之「盡人性」，又以「盡己性」爲前提，盡己性則貴能內求之己心。在人心中，自可涵有對於自然物質方面之若干要求，但人心更有其更進一步之要求，決不限於一些自然物質方面者而止。中國傳統學術，層層內向，主要對象，在人文方面，在人心方面；而自然科學，則在較外面之較低層。

五

中國之士階層，更有其一套獨特生活，與農、工、商三階層之各務其物質方面之私生業者有不同。孔子曰：「士志於道，而恥惡衣惡食者，未足與議也。」孟子亦曰：「士尚志。」人類中大多數，只注意自然物質人生。在此方面，亦可不斷有進步，從石器、銅器、鐵器、電器，歷級而上。但此只是人類文化演進之一面，仍當稱之爲「自然文化」，或「物質文化」。而人類文化演進更有其另一面，則爲「人文文化」，或「精神文化」。人類必自自然物質文化演進到人文精神文化，始是人類文化演進一大軌轍。固然此兩種文化之演進，同賴人心開發；但自然科學，僅運用了人類心靈中理智的一部分，並未顧及到人心之全部，並不如孟子所言之「盡心」。中國孔孟儒家之所言道，乃指人文全體言，乃包括了人類之自然物質人生與心靈精神人生之兩部分。一部分主要是人對物，另一部分主要是人對人。中國人之文化理想，更主要在人對人。而人對人之主要，則情感尤重於理智。中國人言人倫道德，如父慈、子孝之類，均屬情感方面，但非反理智的，乃是更理智的。孔子總稱此種情感曰「仁」。「仁」必包「智」，但「智」不必包「仁」。中國之士階層，則貴在能接受此種人文理想之教育，主要在人心之全體發展而形成的一種人格教育。換言之，乃是指導其有志於此人文理想之全體，而把私人的物質人生淡忘了。至於人類全體之物質人生，雖是基本的，亦是次要的，主要在能不妨害其發展全體心靈之條件下求滿足。此即是人類之自然物質文化，應在不妨害其人文心靈文化之條件下求進步。

中國社會傳統因於長期接受士階層之領導，所以發展不出資本主義；而在政治上，亦發展不出帝國主義。至於主張極端的唯物史觀與階級鬭爭的現代共產主義，則更不易爲中國傳統的士階層所同意與接受。

六

現代中國，因抵不住西方資本主義、帝國主義之衝擊，而亟思改途。其主要大病，在沒有好好保存其傳統的士階層之文化教育，誤認爲人人爭自由、爭平等，乃屬人類向前進步一大原則；而忽略了人類理想中之高級部分，須由少數人來指示與領導。現代中國，此一傳統少數的士階層，已逐步崩潰。一般觀念，只知有「知識分子」，不知有所謂「士」。他們提倡新文化，又好說「但開風氣不爲師」。「開風氣」只注意在多數人，「爲師」則要由少數人來負責。中國傳統少數士階層「希賢、希聖」、「所志、所學」之一番精神與擔負，全放棄，全遺失了，此是現代中國動亂相尋而循至於大陸赤化一大病徵所在。但在中國舊傳統中，此一番人生理想、文化理想，乃及注重培養少數士階層之精神與意義，則實有重加闡申與發揚之必要。

（一九七五年在日本參加亞洲學者會議講詞，載於是年八月一日臺灣中華日報副刊。）

〔附〕　亞洲學者會議開幕致辭

一

諸位先生：當前的世界，較之兩次世界大戰以前，已形勢劇變。兩次世界大戰以前的世界，帝國主義、殖民主義盛行，武力侵略、經濟侵略，其勢不可當；我們東方社會，逐步淪爲殖民地，亡國滅種的威脅，接踵而來，大有亟亟不可終日之勢。但此刻則整個情勢已徹底變化。帝國主義、殖民主義俱已過時。往日的殖民地，相率獨立。舊邦復興，新國羣起，只須一看今天國際聯盟的組織名單，世界五大洲，獨立國如雨後春筍，何可勝數！但新危機又乘時而起。今天的世界，文化、思想侵略，已凌跨過了往日的武力、經濟侵略，而更有其如狂風暴雨般急切不易防禦之趨勢。國家獨立，只是一外形；而文化思想不獨立，則是其內情。此一內情，實大值我們之憂慮。

今天一般的民族與國家，似乎共同有一想像，認爲全世界只分兩大陣容：一是民主自由世界，以美國爲領袖；一是共產極權世界，以蘇俄爲領袖。其他各國家、各民族，非各自投奔歸附其一方面不可。其實此一觀念，既甚膚淺，並亦不合情實。先就民主自由世界言，美國以外，如英如法，西歐諸邦，各自政體不同，經濟利害亦難歸一；所謂「自由世界」，實際只是一分散的，並非團結的。共產極權世界更如此。蘇俄之與東歐諸邦，雖同屬共產極權，但外貌像團結，內情更分散。其趨向分散、不可團結之趨勢，較之西歐之與美國，更過之而無不及。只就西方歐美言已如此，其他更不煩詳論。

要而言之，今天以後的世界，論其大趨勢，乃是一趨向分散的世界，決非一趨向團結的世界。而所以使人誤認爲今天的世界只有此自由與極權美、蘇兩大陣容之對立者，一則仍是以前武力侵略、經濟侵略之餘毒尚存，未全消失；二則由武力、經濟侵略所轉變引生的文化、思想侵略，正在得勢。遂使人誤認此下世界，非美即蘇，仍不脫兩次大戰前世界當由「分」歸「合」的一個舊觀念在作祟。

當知全世界人類生存第一最重要的基本條件，乃在各自所處的天時氣候，地理環境，乃及其歷史傳統，所共同配合積累而成的文化特性上。武力與經濟，則屬其次要中之尤次要者。兩次世界大戰以前，正爲西歐人誤認爲武力與經濟可以統一世界，乃因此而有兩次大戰之發生。今天世界各地一切新興國家之產生，論其內情並不由於各地之武力與經濟各得獨立，實乃由於各地各民族之各自擁有其一分文化潛力，而不得不讓其獨立。此一層稍經思考，便易曉知。今天的大錯誤，乃在各國家各民族，不懂得各自回頭，向其各自內在擁有的那一分文化潛力上注意保護培養，發揚光大；而競在外面的武力、經濟上著眼。暫時武力、經濟不如人，便一意模倣鈔襲。向外爭富爭強，反而犧牲了其藏在內部的各自生存的基本條件，即各自的文化特性。世界已入新境，而我們仍回向老路，那是件極可惜的事。

二

說到文化，東方、西方，比較上顯是各走一條路。縱有其相同，而不掩其互異。東方人傳統，比較上不重視富強，不重視向外爭取，而更重視內在平安，乃及相互間之和平共存。政治、經濟，東方人自有東方的一套。在經濟上，東方人並不曾產生了資本主義，自亦不致有所謂階級鬬爭。在政治上，東方人也並不曾贊成極權專制，但亦並沒有走上近代西方人所謂民主自由的那條路。目前西方的共產極權，固已病害㬥著，且置不論；即在自由世界一面，資本主義與民主政治，亦非無病可指，而可以推之四海而皆準，行之百世而無弊。東方人宜可根據自己的文化傳統特性，來創建一套適合現代潮流的新政治與新經濟。卻不該定要模倣西方，非美即蘇，來擇一而從。目前東方各國，從中國的大陸赤化，乃至各地共禍迭乘，各自興起了一番民主自由與共產極權之鬬爭。那是東方人自失立場，自己不懂得向各自的文化傳統求出路，卻都想要模倣西方；結果是內虛不實，一切模倣只見其害，不見其利。那是最值得我們東方人反躬自省的。

中國孫中山先生，自其革命成功，創建中華民國後，即發表其三民主義的主張：一曰民族主義，即注重在中國民族傳統文化之發揚與光大。二曰民權主義，三曰民生主義，乃是根據中國自己文化傳統，來自己創建一套新政治與新經濟，一面配合國情，一面適應世界潮流。其中提出許多具體方案。

雖因我們東方各民族，在文化精神與其體系結構上，亦是同中有異，未可一概照樣拘泥；但在其主張之大體上，實可供我們東方諸民族作爲一項共同之參考。

此項責任，主要應在我們東方民族中少數知識分子的身上。由思想上之創造，進而爲教育上之努力，使我們東方諸民族各自有此一番覺醒；再進而在政治、經濟乃及其他一切實際措施上，各有創造，各有建設。務求東方確然重見是一東方，此始是今天東方人一條自救大道。不僅東方人可以賴此自救，亦可藉此來促進此後之世界新生。總之此下世界新生，決不當由清一色的西方文化與西方思想所包辦。茲事體大，雖路途遙遠，儘有曲折，但實只此一條是此下東方世界新生之大道。

三

今天我們這一個集會，無疑將向此一大道邁進。惟有我預會諸公，捐棄各自的歧見，把各自的私利害、私得失暫置一旁，高瞻遠矚，共向此一大道，同心一志，提出目前我們東方人的共同問題來作討論。中國人說：「作始也簡，將畢也鉅。」此一集會，只要我們具有信心與熱忱，持之以恒，不轉退，不停歇，最先或許像是書生談兵，只是些紙上空言，但最後終會展現出具體的實際成果來。

今天我個人，幸而獲得參加此集會，實覺無上光榮。謹獻微辭，以呈教於在座諸公之前，並爲此會預祝其無窮之前途，並亦爲我東方諸民族預祝其無窮之前途。

〔附〕 亞洲學者會議閉幕致辭

這一會議意義重大，有關我們東方各民族、國家之前途。承蒙貴國日本主持了此第一屆的會議，一切安排和招待，使我們來參加的無不內蘊著無限愉快和感激的心情，實屬難以言宣，無法用語言文辭來表達。此刻在會議結束之前，鄙人謹代表預會諸國來萬分之一的表達一番對主持此一會議的地主貴國日本的謝意，並附帶述說一些對此會議前途的希望。

今天的世界，乃是一個問題的世界。一切問題，此起彼落，層出不窮，誰也不能在今天預料到明天。要求解決今天的世界問題，鄙人認爲亦有東方、西方途徑的不同。西方人對於解決今天的世界問題，主要在能改變他們的已往；因今天的世界問題，正是四百年來由西方所引起。儻西方人依然固執要走四百年來他們所走的那一條路，則世界問題亦將依然無解決之展望。而我們東方人，則主要在能有一番自己的覺醒。我們東方人，先先後後，四百年來，無一不遭受了西方的壓迫，而漸漸使我們走上了一條唯西方是從的路。但此只是一條錯路，並不是一條正路。若我們此後走此一路，則西方人改變，我們也追隨著改變；西方人不改變，我們亦將追隨著不改變。我們將永遠是被動，而不能有主動。這決不是今天我們東方人應走的一條路。

貴國日本，在東方各國中，受西方影響最深，亦是最先在東方立場而走上了西方人的路。亦可謂貴國日本走上西方的路，實是愈走而愈遠了。貴國日本之所以有今日，仍不失爲我們東方各國中重要的一環，正爲貴國日本還能保留著極深極厚的東方色彩，依然未脫離了東方傳統。儻使貴國日本能在此下發展上能更有一番新覺悟，此將在我們其他東方諸國之此一番覺醒上，有其更深更厚的影響。我們將不僅在今天表示我們對貴國日本之感謝，並亦表示我們對貴國日本之期望與關切。並亦以此互相策勵，來在我們此一會議結束之前，預祝我們此一會議無窮之前途。

東西文化之一種比較觀

一

文化乃人類羣體生活之總全體。

每一文化中，包涵有許多部門，許多方面。

我們考察某一種文化，不該單單注意其少數某幾部門，某幾方面，來求瞭解，來作衡評。我們應從其文化體系中所包涵之各部門、各方面，而注意其調和配合之主要中心與其統一精神之所在，乃可瞭解此一文化體系之意義與價值。

正如考察一家庭，不該單從其經濟上之歲入多少，而別有其他項目該注意。其理易明，不煩深論。

文化不是一平面的，更該注意其時間性。如我來漢城，馬路、汽車、觀光大旅社等，都是短時期內興起的。但有許多大學校都遠起在先。又如幾所故宮，更在前。其他尚有更多更古老的事物。考察文化，不能只管其新興的，不論其舊傳的。

二

每一文化中所包涵的時間性，即代表其文化生命，與其生命力之強弱堅脆，我們不該不注意。現世界各民族、各國家之文化，其歷史最長，緜延最久的，即屬東方文化。中國最少有五千年以上的歷史，韓國亦有三千年。在東方文化體系中，亦屬少與倫比。今天因時間限制，姑只舉此一點，來對東西文化作一簡單的比較。

三

西方人的歷史觀，似乎認爲時代永遠在向前，人生永遠在進步。但揆之情實，殊不如此。

歷史向前，每有一止境。到此爲限，前面會成無路可走。東方人都不認爲歷史是可無限向前的。走到某一階段，便會回頭走。因此，東方人的時間觀和其歷史觀，是一種循環的。

中國古代的易經，即詳細發揮此理。韓國以太極圖爲國旗，想來亦與中國人抱同一觀點。

四

東方人此種歷史循環論，首先可舉大自然爲例。

即如一日之間，有朝有夕，周而復始，即是一循環。

又如一年四季，春夏秋冬，冬天過了，春天又即降臨，此亦即是一種天運循環。因中國與韓國，同居北溫帶，四季分明，而又皆主要以農業立國，故能接受此天運觀，極爲深刻。

西方如古希臘，主要以工商業立國，可以不受此春生、夏長、秋收、冬藏之時間限制。就其自己之工作言，認時間爲可以無朝夕，無寒暑，無限向前。

再從自然界轉落到人生界，人自嬰孩至於老死，亦是一循環。

再從個人人生轉落到歷史，世界任何一民族，一國家，其歷史進程中，必有興盛期與衰亂期，無一例外，莫能逃避。

但其間有一大不同之點。有的衰亂後能再起，再興盛；有的便不能。

五

西方如古希臘，衰亡了便不再興起；羅馬亦然。

何以故？因他們兩眼只望前，不顧後，認爲歷史只是無限前進。在他們的心理上，卻沒有爲不能前進時作一好好的準備。

近代西方，似乎亦將逃不了它們的歷史前例。

在第一次世界大戰時，德國斯賓格勒寫了一部書，名西方之沒落。書中理據明通，稱引詳密。但沒落後該如何求復興，他卻像無此信心，無此興趣，不再詳及。

在第二次世界大戰時，英國羅素亦寫了一本書，其書名一時記不起。書中稱，帝國主義殖民政策已過時，此下世界，再不能由海洋島國來宰制，應讓大陸農國繼之代興。他舉了美國、蘇維埃與中國，認爲乃此下希望之所在。但他亦並沒有爲英國之將來作一愼密之打算。

由此，我們聯想到西方古代的哲學家，如柏拉圖，他已在希臘城邦政治將次潰滅之時，但他的名著烏托邦，依然要爲希臘小型的城邦政治作更進一步之試驗。在他一切書中，實不見希臘文化可有一止境，並不感到希臘也可有衰亂期。

又如亞里斯多德，執業於柏拉圖之門，幾近二十年。但到希臘亡了，那時在亞里斯多德的腦海裏，希臘古典的城邦政治，已全不留記憶中，代之而興的，只是馬其頓式的大帝國。但他似乎不知馬其頓也會接踵希臘而覆亡。

因此西方的哲學思想界，似乎可以抽離現實，自成一條線，也一樣無限向前而進步，但不免與實際人生脫了節。

但東方人的學術思想則並不然。東方人並不盡向前，但好作長久打算。如言農業經濟，三年耕，有一年之蓄；九年耕，有三年之蓄。自然界的水旱災情，往往極少連續三年以上的。如是則農業經濟，縱不能時時有進步，卻可永恃而無恐。又如人生必有死。但在孔子以前，魯國叔孫豹已發明了「立德、立功、立言」三不朽之說。此種不朽，既不如耶穌在墳墓中復活；又不如信仰上帝，死後靈魂可以上天堂；乃是考慮到個人人生，仍可在人文社會中有其不朽。此是東方人一極大信仰。

即如我此次來韓，參加李退溪之研究會。但退溪是四百五、六十年前一古人，他的自然生命早已了結，而他的文化生命，豈不至今依然尚在？

西方人認爲，一切學術思想，都得隨時代變；後人跨過前人腳步，不斷前進。但東方人思想則不然。孔子距今兩千五百年以上，朱子距今八百年，退溪距今四百五十年，他們的思想，可以不隨時代而俱去。諸位今日讀李退溪書，不啻退溪在耳提面命，教諸位如何做人爲學，來渡過我們當前的難關。換言之，李退溪在韓國，可以至今尚受人崇拜，可以傳至無窮之將來，成爲一不朽人物。

七

但此等不朽人物，非極少數大聖賢人莫能當。而東方社會又另有一番安排，此即東方社會之家庭制度。

每一父母，對其子女，亦各有一番德、功、言，所謂「欲報之德，昊天罔極」。祠墓祭拜，通常自父母上及祖父母、高、曾祖父母，凡五世。所以每一人之自然生命，百年而盡；但每一人在家庭間之人文生命，則可以緜延常在，超過其自然生命三倍以上。

又自家庭擴大至於宗族，則可以百世蟬聯。我此次來韓國，遇見退溪後人十三世、十四世、十五世三代。若稽之李氏家譜，則當與韓國上下千萬年同其存在。其次各姓，亦都如是。

我又在大邱附近，看見各鄉村，多有孝子、節婦、名賢、名宦之追思碑亭。雖其建築陋簡，然以較之在漢城所見幾十層摩天大厦，實足顯示出東西雙方文化精神不同之一面相。

總之，西方人注重時間之無限向前，但到頭不免撲了一個空。東方人注重時間之循環往復，而從此卻獲得了一個宛然之常在。

八

今再綜括言之。當前的世界，無疑的又正值了衰亂世。不僅我東方民族，如中國、如韓國，皆還在衰亂中；即西方，如英國、法國，何嘗不皆已陷入衰亂世？即美國與蘇維埃，縱若握今日世界之牛耳，其實亦衰象褟著；他們的興盛期，也不可長保。

只我東方民族，文化根基積累深厚，儘在衰亂中，不斷抱有復興希望。而且歷史往例，又隨在可以作證。只要我們不也如西方人般兩眼只向前，不妄自菲薄，盡在某幾部門、某幾方面盡可能一意學他人，而失卻了自己的民族自信心；不也認爲時代過了，我們的古人，已全無是處，更無意義價值可言，把我們自己五千年、三千年的歷史文化傳統一筆勾消；則將來世界人類文化復興，恐會東方人又趕在西方人前面去。

今天時間匆促，不能向深處詳談，姑提出此簡單一要點，爲我們中、韓兩國人增強民族自信心；則此後民族前途，將必然是光明滿望的。

（一九七六年五月二十二日漢城公開演講辭，載於是年六月三日臺灣中華日報副刊。）

東方歷史文化與現代世界

一

我今天很感榮幸，能在貴會來作此一番講話。

我首先將提出「時代」與「歷史」這兩個名詞來約略作一番分析，作爲我此一講話之開始。

我們普通認爲由於時代演變之積叠而成了歷史，此話固是不錯。但我們也可說，時代之變，往往引起於外面四圍之形勢；而歷史則是此一國家與民族之內在的傳統，有此國家與民族之本質與特性所鑄成的此一國家與民族之文化精神作爲其基點與背景。所以時代每是一個「變」，而歷史則是一個「常」。時代之變可以開歷史之新頁，而歷史的潛力則爲每一時代之變之主宰。若使時代之變而過於違離了此歷史潛力的大主宰，則此時代將成爲其歷史過程中一失敗的時代。

因此，時代之變可以在大體上分別出「主動」與「被動」之兩型。外面四圍形勢之影響力過大，此將成爲一被動的時代。必使其內部自己歷史的傳統潛力，即此國家與民族之本質與特性所蘊蓄形成的文化精神，勝過了其外面四圍之形勢，則爲一主動的時代。

就近代世界言，東西雙方接觸，成爲我們東方一新時代。但同在此同一的新時代中，我們東方各國家、各民族所各自添上的歷史新頁則各不同。專就日本與中國言，日本之變似乎比較上多能保持其主動而獲得了成功。在中國方面，則比較上被動的分數多而亦多陷於失敗。我中、日兩邦在此一百年來所各自添上的歷史新頁，其主要差異之點乃在此。此乃我個人見解，所願首先提出，以供諸位之參考與批評。

二

但在此百年中之大半部時間，西方歷史也發生了大變化。自兩次世界大戰直到今天，西方社會變動之大，眞是出人意外。而且此項變動，不僅未達止境，還恐怕要變而愈烈。更值得注意的，乃是此種變化，並非出於外圍力量之壓迫，而是出於西方內部之自身。換言之，乃是西方歷史之內部潛力來醞釀出此變；乃是由其本身的歷史趨勢走上了此一新時代。再換言之，西方人並非因於遭遇到時代之外來壓力而不得不有變，實乃由於西方內部自己的文化精神主動地來造出此時代。

因此，在西方的今天，實不應僅認爲是一時代問題而僅作隨宜之應付；實應深一層作爲一文化問題而來作根本的檢討。但時代變化人人易知，在其背後的歷史趨勢與夫文化本質爲此時代變化之內在主宰與主要領導者，則不易爲人知。目前在西方社會中，也未嘗沒有少數高見遠識之士已開始觸及到此問題之深處，但大多數人則終是隨著時代向前，而把他們的根本問題忽略了。此是我們所値得警惕的。

若就我們東方人立場來自作考慮：近百年來我們東方人一意要追隨西方，慕效西方，只要不違離我們自己的歷史文化傳統過遠，那種追隨慕效在暫時是易見成功的。但若追隨慕效沒有了分寸，把西方歷史文化中成問題的所在也連帶搬過來，則將形成爲利中帶害，而且不免於害大過了利。如第一次歐洲大戰興起，日本乘機壓迫中國，逐步強烈，而發生了中日大戰，牽連起第二次歐洲大戰，而蔓延了八年之久。在中國是創鉅痛深，以致有今日之局面。在日本亦受創傷，有些處還是至今未得恢復。若我們眞能保持我們東方人所自有的歷史傳統與其文化特質，據我私人看法，似乎不一定會產生出中、日之間這樣的一番大衝突。所以這樣的一番大衝突，我們實不能專歸咎於時代之變這一論點上。在我們，實係未能盡量善用我們所自有的歷史潛力與文化特質來充分發揮我們自己的主宰，扭轉了此時代的不正當之狂潮。

前事不忘，後事之師。當前的世界，雖經兩次世界大戰之痛苦教訓，並未能明朗地表現出一番正當的趨向；而西方文化內部種種病痛，則不斷而又加速地暴露。在我們東方人，似乎應該痛切反省，回頭來在我們自己所有東方人的歷史傳統與其文化特質上加深關切，努力發揚；使我們東方人能自本自根，自作主宰，爲東方人開闢出自己一條道路，來適應此時代，而主動地爲此時代作貢獻。

三

說到此處，我將爲「我們東方人所自有的歷史潛力與其文化特質」這一主要題目上來約略作少許之申述。我想從最簡單、最淺顯，人人易知，而又人人可以共認的事實上說起。我想我們東方人的歷史傳統與其文化特質，簡單說一句，乃是：「重和平更過於重鬭爭，重安定更過於重變動。」當然在東方歷史上並非沒有戰爭與變動，但我們東方人所素常想望而又努力以赴的則爲和平與安定。在東方人的人生理想乃至立國方針上，要之是求安求和，不主張多變多爭。惟其如此，所以東方國家如中國、日本、韓、越諸國，其立國年代皆較並世其他國家爲悠長。而在其悠長歲月中，亦比較少見巨大強烈之變動。在諸國之相互間，更見是和平日多，戰爭日少。這不是一項歷史事實可供人人共認嗎？

今日則在一鬭爭日烈、變動日大之時代中，而且此種種鬭爭變動究將趨於何極，誰也不能預知，幾於成爲一個盲目的專務於鬭爭與變動的時代。這不能不說是當前的世界危機。我們東方人的歷史傳統與其文化特質，則正好像與當前的時代趨勢處在一反對方向上。若我們一意追隨時代，則正是用我所短，而又是傳染上了別人病處，將不免遠離了我們自己的歷史文化傳統而自處於不利。若我們能用我所長，發揮我們的歷史潛力與文化特質，能在此競務鬪爭變動的時代中保持一分和平與安定的力量，這不僅可以自利，亦將可以利人。不僅能在時代中保全了自己，並可由我們來扭轉此時代。

從整個人類歷史看，鬪爭與變動，總是避不掉。但人類歷史的大趨嚮，人類文化之大目標，則斷然是要在鬪爭中求和平，在變動中求安定。我們東方人的歷史傳統與其文化特質何以能更配合上此項趨勢而更接近了此項目標，則因我們東方人能有兩項聰明的抉擇。此兩項抉擇，既已成爲我們的歷史傳統、文化特質而永遠存在著，於是遂使我們視若古老，好像與時代不適切。但我們也只能說這是當前的時代不適切於我們的歷史，卻不該說我們的歷史不適切於當前的時代。而且時代必然要變，而歷史則比較不可變。我們只有根據自己歷史勇往向前來應付此必變之時代，我們不該追隨時代而想要回頭來毀滅自己的歷史。

第一抉擇在「理」、「事」之間。理與事本不可分。事之內必有理，理亦必寓於事之內。但事必變而理不變，故執一理可以馭萬事。若儘在事上著想，昧失了理，理不存在，事亦不存在。重理輕事是曰「義」，重事輕理則曰「利」。中國古聖人孔子、孟子，極重此義利之辨。尤其在春秋、戰國時，大家務於爭利，人道將喪，孔、孟提出此義利之辨，使後人皆知對事當問合理與不合理，不該只問有利與沒有利。結果使中國歷史終於獲得了大利。

第二抉擇在「人」、「己」之間。人生在世，決不能孤獨無羣，故有己必有人。但義則只向自己本身求，利則須向外面他人求。向自己本身求義，無不可得。向外面他人求利，則不可必得，而爭端由此起。所以人己之辨亦即是一個內外之辨。人人盡向內部自己求義，不向外面他人求利，則各人的內部盡得完成充實，而外面相互間也自和安不爭。

第一抉擇是目標，一切應以理義爲本。第二抉擇是方法，一切應從自己內部努力。東方人的歷史傳統與文化特質，正爲有此兩項聰明的選擇，所以東方人幾千年來可以平和相處，而各自內部亦獲得一安定。固然不是每一時代都如此，但東方人歷史可說得大體如此；而今日則猶待我們之向此目標而邁進。

西方歷史，因於它們的資本主義、帝國主義都重在向外爭利而引起了兩次大戰。從前被壓迫、被征服、被斬割的其他民族紛紛從兩次大戰中得解放。這是西方帝國主義、資本主義高潮退落一具體的明徵。但西方人似乎並不能從其高潮退落中明白覺悟。共產主義崛起，對資本主義猛烈反擊，那僅是一種反動，因此也仍是一種鬬爭，而造成了一種更強烈、更深廣的不可調和之勢，又復興起了一種赤色的變相帝國主義。

那些從西方勢力中獲得解放的新國家，一如雨後新筍，但卻依然在追隨著以前它們被壓迫、被征服、被斬割的那一套，只關切在強力財富上。只要有可爭處便爭；正義公理，則逃避惟恐不及。只看聯合國最近關於中國代表權的決議，可見現世界的時代趨勢，依然還是沿襲著兩次大戰前的西方老路，沒有警覺，沒有轉變，而且有每下愈況之勢。

環顧此世界，只有我們東方各民族的歷史傳統與其文化特質，尙和平，不尙鬪爭；重安定，不重變動；能知在正義公理上作選擇，而從自己內部努力，不作損害外面他人之打算。此一種歷史潛力與文化特質，若善用之，正可在此時代之黑暗中放光明。若不能善用，違離了自己的歷史傳統與文化特質，也一意向外來追隨此時代，豈不將成爲一大可惋惜之事！

今天在座的都是各方面的專家，如何在此時代趨勢下自本自根爲我們東方人善作抉擇，開新風氣，闢新道路，爲此時代放新光明，此則有待於種種的具體計畫與切實方案。本人僅揭出一粗略而空洞的大原則來，敬供諸位作參考。

謝謝諸位。

（一九七一年十二月二十日日本「中國大陸問題」研討會專題講演，原載是年十二月二十一日靑年戰士報。）

中國傳統文化之潛力

一

橫梗在毛澤東政權面前有兩大關：一曰經濟，一曰文化。馬克思無產階級專政的想像中，並沒有安排農民的地位。蘇維埃乃及東歐各國，迄今對增進農產無好辦法，中國共黨不能例外。尤其是中國傳統文化，四、五千年來積累深厚，恰與共產理論處在對立地位。此一難關，爲中國共黨所獨有。

隱藏在毛澤東心裏的有兩懼怕：一怕匈牙利革命，一怕史太林清算。明知民心不歸嚮，政權不穩固，故要怕匈牙利革命在中國社會崛起，因而來一個「鳴放」號召，期能緩和空氣。那知一發難收，於是急激轉變，張起「人民公社」、「大躍進」等「三面紅旗」來，決心走更極端更左的路線。既怕及身遇到匈牙利革命，當然又怕身後遭受史太林清算。因而心中深恨赫魯曉夫，更怕俄國修正主義侵染到中國。此兩項懼怕，前一項尚露出口邊，直到最近，還說有人要鼓起匈牙利革命。後一項則深藏心底，但「司馬昭之心，路人皆知」。到頭此兩項懼怕，不免都要實現。

有此兩難關，兩懼怕，於是有兩條絕路，逼上梁山，不得不走。一是反美帝，一是反蘇修。共産思想不能籠絡人心，轉而乞助於「民族」觀念。美國人天眞，儘要向中國共黨搭橋。但若此橋搭成，毛澤東停止反美口號，他更把什麽理論來欺騙人心？反蘇修更是毛澤東一條堅定路線。對美帝只是隔岸叫駡，對蘇修則不惜肉搏抗爭。

毛澤東政權之內情與其外勢，不外如上所述。

二

此刻軒然大波，在毛政權下面掀起。最難應付的，還是中國傳統文化那一股潛力，使毛澤東祭起「文化革命」大旗，大呼「破四舊」。

平心而論，「文化革命」那面旗，早在毛政權成立前張掛了。「廢止漢字」、「線裝書扔毛厠裏」、「禮教吃人」、「打倒孔家店」、「全盤西化」等等口號，豈不更具體，更積極？然那時只是文鬪，此刻則轉爲武鬪。那時武裝上陣的是一批高級智識分子，滲透進了政府各階層，乃及大、中、小各級學校。現在則全已敗下陣來，無可運用，乃運用到乳臭未乾的紅衛兵，來横衝直撞胡作妄爲。其勝負之數，不卜可知。至此，窮途末路，固已顯然擺在目前；而中國傳統文化此一股潛勢力，其爲不可輕侮，也正在此短短數十年間獲得了又一明證。

三

作者爲此事，也曾翻讀了共黨中間一些有關的書籍文件。姑借鄧拓的燕山夜話爲例，來述說我個人的一些感想。「三家村集團」乃及牽連到的一切內幕我不知，只是就文論文。我以爲反毛反共，事並不奇；値得注意的，他們究憑什麼來反？這一層卻實出我意外。他們並不引經據典，把馬克思、列寧他們開山祖師的一套著作論文搬出；他們也不搬出英、美資本社會、民主自由一套武器來應用；有人說，他們只是「借古諷今」。只這四字，就値得我們深切注意。

我們當知，早在毛政權成立之前，借古諷今，正爲社會大忌。誰敢不識時務，來作此勾當！所謂「古」，只是一些冢中枯骨，誰理會它！你若眞個來借古諷今，譏笑怒罵四面而至，可使你無地自容。此刻卻在毛政權之下，身爲共黨，踞政府之高位，在政府御用報章雜誌上來此一套借古諷今之文字公開刊布，此實是大陸社會人心一項微妙轉變之朕兆之顯露。

若謂他們不敢正面衝突，因而不得不借古諷今，則我們又當知：在任何一作者之內心，當其下筆之際，莫不有一些讀者之陰影在其下意識中浮起。明知不受讀者歡迎的文字，作者常會審愼避免；何況在政爭場合中，並不是要「藏之名山，傳之其人」，更犯不著曲高和寡，來此一套。

燕山夜話中，明說有同志建議，有讀者來信。至少這幾篇夜話，並不是一個書獃子，關著門，不問世事，絕無外面呼應，冥心獨造。在此幾篇夜話之背後，顯然有一個集團，在其臨筆以前有討論，在其刊布以後有反響；相識與不相識，有不少人在擁護著。「諷今」之言，有許多人高興聽，此已了不得；「借古」之言，偏有許多人不討厭，那纔出奇呀！

四

我並不識鄧拓其人，更不知道他底細。讀其夜話，愛於掉書袋，宋、明、淸三朝筆記小書，經其過目的著實不少。我連帶回憶起從前在北平讀所謂知堂老人苦茶庵中作品一般。然而有不同：苦茶庵作品中，有不少外國東西矜其淵博；而燕山夜話中無之。苦茶庵作品中絕不提及中國正經、正史之類，此在當時是犯禁不受歡迎的，所以苦茶庵作品，在當時只受人捧，不惹人厭；燕山夜話中則援用正經、正史，並不比援用筆記小品之類少。苦茶庵作品，只供人佐茗閒聊，十足是淸狂名士派頭；燕山夜話則其中有問題、有意見，裝上小品文外貌來偷關漏稅。即舉這些相異，也可見時代風氣之變。

而且燕山夜話，也不專爲針對指摘現實，很有些發見性靈的話。我一開卷，首先射進眼簾的，便是顔苦孔之卓那一題。「逃空虛者，聞人足音，則跫然而喜」。我只瞥見那五字小題，便就興起一番欣賞之情。鄧拓不是一個哲學家，專治中國古代思想的；更不是一位道學先生或理學宿儒。他是道地的一個共產黨員，若非對共黨有一番忠誠、一番苦幹，也爬不上今天的地位。爲何他能抬出此五字來做夜話的題材呢？且不論鄧拓在共黨中的身分，論其年齡，他也曾受過前一期文化革命的洗禮。揚雄擅長辭賦，那時白話文正當道，漢代辭賦家正是些妖孽。而且文學必貴創造，揚雄卻畢生模倣。晚年來，又模倣到「孔家店」裏的陳腐經典論語來寫他的法言。「顔苦孔之卓」五字，正見於揚子法言開宗明義第一篇學行篇中。其人其書，早在前期文化革命潮流中該揚棄、該淘汰。鄧拓忽然注意到此書，他在夜話中，也曾自己交代過。因前一篇多學少評引及明代陳繼儒見聞錄中一故事，有一秀才用「顔苦孔之卓」語，督學使者徐某批云「杜撰」，秀才申辯此句出揚子法言，這位督學當場認錯。此篇乃諷無學問居高位而批評下面有學問的。他說：有幾位同志讀了，要求他再把此五字做一番說明，他纔寫下篇顔苦孔之卓。可見他拈此五字爲題，也只是偶然牽引而來。但他一翻讀法言此條，不僅對此五字抱深切同情，並爲揚雄爲何要把孔子聖人和他的語錄論語來作榜樣寫他的法言？爲何在法言書中要多次提到顔回？盡力代爲闡釋。我現在也學鄧拓，試把他寫此文前之心情闡釋一番。這當然是推想，若要我拿證據來，我自然拿不出。

我想鄧拓參加共黨，或是出於一時愛國熱情。在當時，如此的人不少，因此想鄧拓亦可能是如此。但在共黨中混久了，覺得共黨所作所爲，與自己當初意志不符。此種心情，夜話中已充分暴露。我認爲鄧拓的心情，有時不僅在反毛反黨，抑且在反他自己，深感他自己所作所爲沒意思，頗想抽身退出。夜話中有一篇題名放下即實地，淸算他們的人說：「鼓吹放下即實地，要我們撒手不革命。」這正道出了鄧拓當下心情。他想放下，但並未能放下。至少在他心情上有時會感到苦悶與空虛。惟其如此，所以纔能在忙亂中，在鬪爭場合中，能抽出夜間暇隙，繙讀一些不相干的古人的閒雜書，來消遣、排悶。但無意中接觸到古人書中許多話，卻打動了他的心坎，使他覺得很有些今不如古。鬧「革命」有時不如「不革命」，「不革命」的有時卻是「眞革命」。「顏苦孔之卓」五字，正指點他窺測到另一人生境界中去。他說：

顏回以他自己能學孔子為最大的快樂。這種快樂，是內在精神世界的眞正快樂。不能學得像孔子，即使得了天下，也不會感到什麼快樂。而使顏回最感苦惱的，是孔子太卓越，太高尚了，簡直學不來。

這段話，最多也只是徘徊門牆之外，未能窺見其內宗廟之美、百官之富底人的一番粗淺話。但在當前時代，更是在大陸，懂說這樣話、肯說這樣話的，實不多。若我們只認這些話是在反毛反黨，是在爲劉少奇黑幫爭奪政權作武器，那是牛頭不對馬嘴，或可說是買櫝而還珠呀！淸算他的人說：「此文吹捧地主階級的老祖宗，堅持用地主資產階級道德改造社會，妄圖恢復剝削階級統治。」雖是十足共黨口吻，卻比較近情近眞。鄧拓儼然是生乎今之世要來反古之道，抬出孔子，來壓在毛澤東之上；高舉顏回，來引誘那些中共黨徒；那裏僅是借古諷今而已！無怪毛澤東要捉賊擒王，正本清源，用全力來搞「文化大革命」，大呼「破四舊」，徹底淸算，正是把握到了雙方相衝突底要害處。

若使鄧拓早讀了夜話中所引用的那些書，鄧拓也不會加入共黨。若使鄧拓在共黨中專爲劉少奇黑幫計畫反毛反黨，爭奪政權，也不會有閒情逸趣閉門夜讀，作夜話小品，而繙讀到那些書。若非鄧拓內心自感苦悶、空虛，把自己個人當前地位事業和其前途，自己反自己，從其內心深處眞感到不是味道，縱使你要把「顏苦孔之卓」五字硬塞進他腦袋，也塞不進。塞進了也將發生出另外的反應。若是專爲派系分裂，爭奪權位，以毛澤東、林彪那一夥來排除劉少奇、彭眞那一夥，也用不著小題大做，節外生枝，來搞「文化大革命」。

五

當知要搞革命，先能革自己命的人，纔是最有力量的。孫中山先生說：「革命須先革心。」其眞諦便在此。「革心」，是指革他自己的心。若要憑仗自己力量來革別人的心，古今中外鬧此等革命的全失敗了，毛澤東不能獨成爲例外。所以我讀燕山夜話，先要來推想鄧拓寫此夜話之心情。鄧拓有此心情，不能說鄧拓以外人都沒有。若我們不能認識到此刻大陸人民間有此一番心情，乃及此番心情所可產生之力量，則試問我們究將憑仗大陸上何種心情與力量，爲我們開路重返大陸？此刻毛澤東已深感此一力量之可怕，而我們還是熟視無覩，那我們底見識不能不說還是在毛澤東之下。

遠在前一期的文化革命中，早有人喊出要爲中國傳統文化重新估價。但此事非咄嗟可辦。若我們眞要來爲此文化力量估價，在我們中間，還是言人人殊，一人一意見。但此刻在大陸，卻似乎已碰到了一項估價的基本法碼。從此基本上，人人只喊一個價，不會再喊兩個價。用此作法碼，便可憑以衡量文化各部門之一切價。我爲此將繼續提到「三家村集團」中吳晗所寫海瑞罷官的一本歷史劇，爲此劇而響起了最近共黨「文化革命」之第一砲。在這本劇裏，便無意中碰到了這一法碼。人必該有好壞，這是一基本法碼。做官的，清官好，貪官壞，這也是一基本法碼。誰也不能否認，誰也不能不表同意。共黨清算吳晗，卻說劇中人海瑞影射了彭德懷。海瑞罵皇帝，影射了彭德懷罵毛澤東。但我們要問：爲官清廉豈不總是好，為官貪污豈不總是壞？不論在封建社會、在君主專制的政體下，抑或在共產社會、在人民民主專制的政體下，清官總是好，貪官總是壞、要不得。此一分辨，無可抹殺。如此一來，豈不要把傳統文化獎清廉、抑貪污的理論，高壓在無產階級革命的理論之上了？而且今天大陸共黨，不僅是黨官貪污，幹部貪污，整個政府便是一個剝削掠奪，其罪尤應在貪污之上。所以劇中人海瑞唱辭道：

力除貪污行新政，要為生民作主張。

又唱道：

民已窮，財已盡，國脈斷喪，我海瑞，報聖上，要作主張。

在吳晗筆下，也可說是要忠於毛澤東，要忠於共黨政權，纔寫下了此劇。難道說在專制政府之下不該容貪污，在無產階級專政的政府之下便該容貪污嗎？共黨對吳晗此劇無可清算，但又不可不清算，遂說他影射了彭德懷。此是避重就輕，替毛澤東、替共黨作開脫，減輕了他們的罪孽，作爲一種「莫須有」而無可奈何的說法。中國傳統文化之潛勢力，亦正於此可見。你要打倒孔家店，其事尚易，因問題複雜，牽涉太廣，由得你胡說，一般人無法作評判。但要打倒孔家店中一小伙計，其事卻難。如海瑞，他是一淸官，淸官人人道好，由不得你胡說。但你還可說，爲官行政，不一定只要能淸廉便是好。但現在海瑞是在攘除貪污，你卻更不能說貪污要得，貪污是一種新道德，正該提倡，該包容。恰如在前一期文化革命潮流下，也有人出來提倡「非孝」，但最多也只說爲人子女不必定要講孝道，卻不敢明目張膽，來提倡不孝，說爲人子女該不孝纔是呀！又如那時，也反對過提倡貞節，但也不敢明目張膽提倡女淫婦蕩。

但貪污也有貪污的勢力。你要反貪污，須有膽量，須肯犧牲，這問題就牽涉得大了。劇中海瑞母親訓子唱道：

五十年勤苦讀孔孟詩書，漢朝人埋車輪惡類誅鋤。本朝有況太守平反宽獄，古今人是榜樣何必躊躇？

這裏提出了中國傳統文化裏的做人榜樣來。人有好壞，這也是一基本法碼。這些敢打貪污的好人歷史上朝朝都有，但卻不輕易做得到。海瑞母親眼看他兒子五十年苦讀聖賢書，還怕他事到臨頭又躊躇了。吳晗究是一大學教授，專治明史，此刻拿海瑞來派用場。海瑞的評價，乃是人心所同，無可置辯。但要做海瑞卻不容易。由此歷級而上，直到「顏苦孔之卓」。到孔子纔是做人最高榜樣。要追隨做人最高榜樣，纔引上你讀孔孟詩書，學歷史上做人。那些在鄧拓、吳晗書中，固是未能深入；但至少他們已爲中國傳統文化提到了做人標準，做人榜樣。這是中國傳統文化中最重要一項目。由最低標準到最高標準可以一以貫之。由內面講，你能這樣做人，自會感到內心快樂；由外面講，你能這樣做人，自會獲得羣眾同情。我並不是說鄧拓、吳晗在爲中國傳統文化爭地位、估新價；我只說他們在極度苦悶空虛的心情下，無端碰到了。從此正可體會到中國傳統文化這一股潛勢力，至少能叫人在究該如何做人的苦悶空虛中得一指針，得一歸宿。

吳晗寫此劇，也不是輕易寫成的。據他序文裏說，他曾受到京劇界馬連良等人之慫恿，全劇改寫了七次，參加進許多旁人意見。而且在此劇之前，已有了周信芳之海瑞上疏，可見海瑞實已在大陸人心中復活了。此刻周信芳也遭到清算，難道也是爲的影射了彭德懷，爲的政治上派系鬪爭嗎？吳晗此劇序中又說：

> 敢想、敢說、敢做，是「大躍進」以來的新風格。我寫劇本，看來也屬於敢的一流。假如不敢，那便什麼事也做不成。

只要敢，總可以多少做一點事。一部人類社會的發展史，也就是敢想、敢說、敢做的人們的歷史。可見吳晗寫此劇，也帶有了海瑞母親所唱「何必躊躇」的精神。他之所謂「敢」，並不專指敢於以一道地的外行來寫京戲而言。若說吳晗把此劇影射了彭德懷罵毛澤東，吳晗該清算，但仍清算不到此劇之本身。若要清算此劇，便只有清算到中國傳統文化身上去。知己知彼，百戰百勝。我們此刻，若只認毛澤東的「文化大革命」只爲要鬪倒劉少奇黑幫，或說是毛澤東頭腦昏迷在無的放矢，那至少是不知彼，把大陸内情看錯了。

六

現在再說到共黨中的文藝運動。共黨初握政權，也曾想把中國傳統文化裏一些舊東西，只要和他們政權不直接衝突的，也來宣揚一番，用以牢籠人心，掩飾耳目。如提倡中醫、中藥等。京劇也是其中之一項目，他們也曾用過心，而且把它宣揚到海外來。但怕一輩京劇人員，涉足海外，動了不想回大陸的念頭，因此以後便很少送藝員出國。聽說這一次，言慧珠便因此被鬭自殺了。他們除京劇外，又注意到地方劇，越劇、黃梅戲、河南墜子、山東呂劇種種名色全出籠了。他們又把那些京戲、地方劇搬上銀幕，向海外宣傳。最先一本電影來香港，是紹興劇梁山伯與祝英臺，賣座盛況空前。又從香港推進到星、馬各埠，著實爲共黨撈了一大筆外匯。此後這一派電影源源不絕地來香港，賣座總在一切西片之上。中國人看西片，好如住旅館、遊外埠；一看到中國影片，眞如回到家鄉遇見親人般，說不盡的開心悅意。這又是中國傳統文化潛勢力之一證。有些人看了又想到袋裏港幣送到共黨手裏去。但我說：那不要緊，那些戲劇電影，果是代表著中國傳統文化之一面相，只要暢行日旺，便在替共產政權挖牆腳。此刻周揚、周信芳許多人全逃不了清算，中國傳統文化和共黨政權勢不兩立，至少在毛澤東，是清楚明白了。

香港是一塊道地十足的殖民地，在此講中國文化，如何能和西方文化相抗衡？連講國語，也決敵不過講英語和廣東話。但只要大陸影片一來，各處廣播電臺，先把劇中情節和口白用廣東話翻譯播出，好讓聽不懂國語的去看方便。所以風靡如此，其中也並無巧妙秘密，只爲在這些電影裏還保留著中國人的舊情調、舊風俗，而且有中國傳統的文化意味在內。

今古奇觀裏的碧玉簪，京戲也有，紹興戲也有，大陸搬進電影來香港演出。論其情節，充滿著封建社會裏的貞節觀、專制時代的科第意識，好像早該不合近代人胃口。至於現代青年男女的戀愛風格，更與此等劇情隔離甚遠。但演出時，人山人海，尤其是婦女界，屢看不厭。看過的邀約未看的，只叫多帶著手帕子，方便在影院裏擦眼淚。苟非電影裏面，藴蓄有傳統文化深厚情味，試問何能感人如此？港九電影界看了那情形，不由得不眼紅，於是如法泡製，全部鈔襲；香港影片梁祝到了臺灣，也一樣鬨動。我若早說此等話，豈不成爲代大陸戲劇電影作宣傳？好在此刻大陸共黨已覺悟過來，對此等戲劇電影提出正式鬬爭，不久此等電影便會在香港絕迹。事非揑造，我在此刻，正不妨附帶一提。我對港、臺影片很少看，沒資格說話。我且引述我一位朋友的批評。他說只有臺灣影片「養鴨人家」，道地十足中國情調，中國排場，而內藴中國文化情味，如鶴立鷄羣。此乃我一位朋友的觀感，我不知他話是否確實。要之，中國人愛看中國戲、中國電影，人人心中有此內在要求，也堪作爲我所說中國傳統文化潛力之一例。

七

我此文拉雜說來，主意不外是要指出此刻大陸上中國文化潛勢力正在茁壯蔓延。借用共黨的話，正如「毒草」。若非速予剷伐，斬草除根，則大陸共黨一片大好園地，不轉瞬間，將全爲此等毒草所盤踞。我想毛澤東、林彪，不會鬭倒了劉少奇黑幫，便從此罷休。那眞是浩刼可怕。但我並非身在大陸，許多話盡出推想。大陸變色，迫在眉睫。但我更怕的是我們這一邊到時重返大陸，或許我們這邊那一套，並不如此刻大陸同胞所憧憬、所想像、所追求；那纔不免重來一悲劇。那卻是值得我們自作警惕，自作檢討的一件大事呀！

（一九六六年十月十日中央日報）

中華民族之前途

一

中華民族之前途，此一問題，凡屬中國人莫不關心。即世界人士關心此問題者，亦日益加多。然將正式討論此問題，則觀點紛歧，殊難找出一討論之集中點。竊謂欲討論一民族之前途，應具一較長遠的看法，不必太重視眼前國際形勢。就本文作者個人七十年的生命言，遠在作者呱呱墮地之初，那時中國將被瓜分之說，正甚囂塵上。一位中國學人，曾發出了「中國不亡是無天理」之憤激語。當時此語流布，聞者不覺其怪誕。但七十年來，中國不僅未被瓜分，抑且轉成對世界和平發生甚大之威脅。甚至一位西方學人，認爲最近將來，可能有美、蘇協力以謀共同對付中共之演變。若長此美、蘇對峙，以至決裂，此世界可能由中國人來宰制。世人聞者亦不遽認爲怪誕。此等極端相反之兩見解，即在此七十年中發現，則莫非由於太重視當前形勢而起。其實中國則還是此中國，中華民族亦還是此中華民族，要討論一民族前途，主要可說決不在外面國際形勢之偶然的變動上。

勿論外面形勢，即就其民族內部言，如法國有拿破崙，德國有希特勒，在當時，豈不掀天動地，攝聚了一世之視聽？但其興也驟，其亡也暴，兔起鶻落，曾不旋踵。其興，不即是此民族之興；其亡，亦不即是此民族之亡。當知歷史自有一個長遠趨流，成爲一條伏流，而暗暗地向前。觸眼見浪濤起伏，則只在上層浮現，並非是此流之本身。今要討論一民族前途，則應另用一套較遠、較深沉的看法，卻不能即憑現狀爲衡量。

二

欲討論一民族之前途，自該注意到此一民族之「本質」。要討論此一民族之本質，則必注意到此一民族之「文化傳統」。惟此事牽涉更廣、更複雜。但有一點首當指出，即任何一民族之文化，則無不長時在變動中。尤其是近代中國，自鴉片戰爭起算，到今已一世紀以上，更是在急劇變動中。中國已往文化傳統，並不能代表眼前中國；而眼前中國，也並不能代表已往中國之文化傳統。因此，若欲研究中國文化傳統，此乃一歷史問題，儘可撇開眼前中國於不論。若太注意在現中國身上，則勢必對中國歷史傳統文化發生誤解。民初「五四運動」前後，正犯此病。誤把眼前中國，認爲即是中國文化傳統所十足道地產製的一貨樣，認爲即可把現中國來代表著中國傳統文化，於是激起了過分的憤慨。「禮教喫人」、「打倒孔家店」、「線裝書扔毛厠裏」、「廢止漢字」、「全盤西化」等種種口號，更起迭應。其意若謂非把中國傳統文化徹底推翻，則中華民族斷無前途。此項意見貽禍中國，直至當前共產政權，切實走上了「全盤西化」的路，誠心一意信守馬克思列寧主義，奉爲教條，認爲惟此可以救中國，卻不管馬列主義正與中國傳統文化站在十足敵對的地位。此刻大陸共產政權也早明白，若不能徹底剷除中國傳統文化之潛力，此政權便難維持。而無奈此一文化潛力，緜延了四、五千年以上，深入中國社會人心深處，急切要徹底推翻，談何容易！此是大陸共產政權目前所遭遇最大一難題。而另一輩西方學者，甚至認爲當前大陸共產政權，即由中國傳統文化所產出。此則離題益遠，誤解益深。但本文並不想對此予以詳細之分析與討論。

今所要急切指出者，若果專一注意眼前中國，即很難瞭解中國歷史文化傳統。若專一注意在中國歷史來尋求其文化傳統之眞相，亦很難由此瞭解眼前之中國。若要瞭解眼前中國，則首當注意此一世紀來眼前中國這一番急劇變動之過程。又須明白究竟在此過程中，其主要變動何在？此一變動，又如何能引起眼前中國使它遠離其歷史文化傳統而走上眼前的境地？若撇開眼前中國於不論，專一根據中國歷史文化傳統立論，則本文作者私見，認爲中華民族必有其光明偉大之前途。但此亦非本文所欲詳論，此下將暫把此一層擱置不談。

三

上面說過，任何一民族之文化，則無不長期在變動中。但近代中國之變，並非由其傳統文化內部自身主動地在變，而係外面國際形勢壓力逼迫它使變。因此，此一種變非自動的，而是被迫的。而且此一種變，雖是急遽的，卻仍是浮面的。換言之，所變只在外部。雖此項外部之變亦可影響其文化傳統，但其文化傳統之本身，則直到今天，還未能走上一條主動自變之道路。最值警惕者，乃是當前的中國人，對其自身此種之變，仍不自知。這不是說近代中國人不知其自身在變，乃謂其不知其主要之變究竟在那裏？惟其不知，所以不能善爲應付。不能善爲應付，則前途仍屬渺茫。卻不能說僅憑歷史文化潛力，便準可有前途。

一說到近代中國之變，首先使人想到政治方面去。兩百六十餘年的滿族統治，一變而爲中華民族之自主。兩千幾百年的君主政體，一變而爲民主共和政體。凡此誠是政治上之大變，而最近之變則更大。一個中國，有了兩個政府；而大陸中國，則由馬列共產主義一黨專政，還加上了個人極權統治。然而此一種變，則仍是上層的、浮面的。固然亦有些是爲國際形勢外來潮流所刺激、所掀動，但裏應外合，在中國社會內部自身，應亦有一番主動力量來促生此一變。而此一番主動力量，卻又並非由中國歷史文化傳統內部自身之潛力中來。換言之，此一種政治上之變，乃是現代中國在其急劇變動過程中之一種「現象」，非其「本質」。正爲此故，我們並不認爲近代中國政治上種種變動，到此已告一段落，此下便即是一番安定的局面了。換言之，此種變乃是由另一種變所引起，其自身並不能有安定性。只可說是整個中國由安定變爲動亂之長期過程中之某一現象，實際只是變中一過渡，並非變後一開創。我們不能單憑此一現象來認識此項變動進程之本質，而來推斷中華民族此後之前途。

四

撇開政治變動，便會想到社會變動。但近代中國，社會變動似乎並不大。簡單說，只是由富有漸變爲貧乏，主要在經濟上，更主要在沿海通商口岸一帶。愈到內地，距離了通商口岸愈遠，此種漸變成爲不易見。中國對日抗戰八年，終於能屹然存在，以徐待勝利之來臨，固可說由於當時國際形勢之支撐，然亦斷不能說中國人在抗戰中便無其自身力量之表現。此一力量之主要來源，一方面在於中國農村社會之舊根柢依然存在，仍自有其傳統潛力，不易擊破。另一方面，則是近代新興的國民教育，即當時的中小學教育收了效果，發生了影響。此項新興的國民教育，收效最大者，乃在歷史教育方面，在現代的國恥教育史方面。儘管在當時，國內思想界意見紛歧，言論龐雜，新舊衝突，極爲混亂；但是對中小學歷史教科書涉及近代國恥史方面的意見與情感，則舉國一致。此乃是一種民族意識與其奮發圖強、同仇敵愾心情之表露，一旦大難當前，便發揮出無上力量來。此一層正可說明中華民族文化潛力之尚存在、尚旺盛。然因缺乏一種自覺的清明的領導，只在國家民族存亡絕續之秋，纔能垂死掙扎、頑強抵抗，此則不得不說是近代中國一悲劇。

但更深一層看，究不能說中國社會沒有變。而且畢竟是大變了。但其主要之變，則不在社會下層，而實在其中層。社會上層政治之變，人人易見易知。社會下層，廣大的農村以及散布全國之各個小城市，及其一般民眾，除卻其時遭動亂與漸趨貧乏以外，在實質上言，可稱變化不大。最大變化，則在中國社會之中層。所謂中層，乃指一般智識分子言。而在近代中國智識分子之自身，則似乎並沒有深切感覺到此變。惟其不自覺，於是此一種變，乃更移步換形，漫無歸趨，而影響於近代中國之各方面者乃更深更大。本文所欲鄭重提出而加以較詳分析者乃在此。

五

從歷史遠處說來，中國社會，自秦以下，早不是一個封建社會了。但亦沒有走上近代西方資本主義社會的路，而另走上一形態。在並世各民族之歷史演進中，並沒有與之相近相似的形態出現，此乃中國社會一特有的形態，我無以名之，姑名之爲「四民社會」。四民，指士、農、工、商四流品言。此一社會，主要乃是一個「士」中心的社會。中國歷史上的傳統政府，自秦以下，全由此一輩士而組成。但究不能稱此輩士爲封建貴族。社會教育方面、地方自治方面，莫不由此輩士來領導主持，但亦並不像西方中古時期之宗教團體。關於中國社會此一特殊形態之形成與演進，其社會中心之士在歷史上各時代之地位變遷，本文亦不擬詳論。

但中國士社會有一主要特徵，即其可以不治生業、不務生產而能存在。上面跑進政府，獲得一官半職，除少數例外，其絕大多數則以終身服官爲常例。不論其官階升沉、爵位高低，一入仕途，即以官爲生。用其官俸所餘，在其退居地置辦一份田產，賴租收所入，小者可以養老，大者可以傳子孫。其未入仕途的，或作紳衿，或出游幕，或授徒講學，或著書閒居，幾乎都可衣食無憂。在中國傳統文化的觀念之下，爲士者不僅不以謀生爲急，抑且以謀生爲恥。只有蒙古人入主中國之初期，中國士階層始感到不得不以謀生爲務。但此種想法，亦如曇花一現，不久即消失。在元代則依然有一個不務謀生的士社會存在。

中國此一「士社會」，對其傳統文化中所發生之影響，卻重大無比。只要此士社會清明安定，上而政治，下及農、工、商社會，亦即隨之清明而安定。若此士社會一時濁亂，不清明、不安定，則全社會上下均隨之而濁亂，而不清明、不安定。過一時期，待此士社會回復清明了，整個社會纔又獲得其一時期的安定與繁榮。此是中國歷史自秦、漢下到清末一大體格局。此事亦不擬在此詳說。

六

自清末以來，此一世紀中，中國社會此一中堅階層，即士階層，卻發生了大變。此種變，不指其學術思想言，乃指其生活背景言。

主要之變，乃在其生活之失所憑藉。一方面由於清末廢止科舉，士階層進入政治的傳統階梯失去，而代之以政黨活動，但政黨在中國社會中卻不易急切生根。近代西方民主政黨政治之產生，乃由其自由工商業中產階層之興起；而中國士社會，則本身並無生產事業可資憑藉。由一羣無經濟憑藉的人來組政黨，除非是革命黨，否則決不是一件正常可能而合理想的事。民元後，政黨不能上軌道，民主僅擁一虛名。此數十年來，只有一在朝黨仰給政府，而不能有在野黨。若在野黨亦受政府津貼，豈不更是有名無實？正常政黨不能產生，士階層中有志政治活動的，其內心所受刺激實屬深微難言。從前的士，其從政有客觀地位與正常軌道。民國以來，則只有各自爭取，各爲私謀。此種心情大與中國傳統文化之積久薰陶相違背。因此，民國以來之智識分子，從事政治，多少總帶有幾分不自安與不自滿的心情。愈是其中之賢者，此種心理蘊結愈難免。而此種心理蘊結，則有害於政治事業者實甚大。

其次，是政府屢變，仕途都是「五日京兆」，今天保不住明天；但一退出政界，便成失業。此又是心理上一壓迫。

第三，是求學機會也變了。近代中國新教育之興起，其事尚暫；小學、中學雖漸有基礎，大學則發展更遲，最高教育仍以出洋留學爲終點。非富裕子弟，能在國内升入大學已不易，自費出洋，則更非其家庭經濟能力所能負擔。官費留學，則如鳳毛麟角，千人中不獲有一人。如是則不僅在政治上求發展有限制，即在學業上求上進，亦復有限制。

而不求上進，又無法退守。外國的經濟侵略，其最先受影響者，實屬此士階層。在先本賴田租收入，而自社會經濟變動後，田租微薄，成爲不足恃。一輩貧寒之士，更因社會經濟枯竭，涸轍之鮒，極少濡沫餘潤可資依存。不謀進取，即退求一身一家之溫飽，亦不可得。於是則只有在政治上、學業上力求前進。

此一種大變到了民國二十六年對日抗戰時期，乃益形顯著。那時大批智識分子流亡後方，有所謂「公教人員」一新名辭出現。所謂公教人員，則全賴政府公帑給養。當時一輩公教人員之生活清苦已達於極點。而公教職務，又非自由職業可比。職業不自由，個人那得有自由？但脫離此職業，又苦無以爲生。此種不安不滿之情緒，無處發洩。而留在淪陷區的，其不安不滿更甚。政府建立在此士階層之上，而此一士階層，一面既仰哺於政府，一面又懸抱甚深的不安與不滿，意態悲憤，情緒過激；不顧現實之言論，隨時隨地傳布，而瀰漫、而至於不可究詰。但此一階層，實際亦無力量可以起而革命。眞能具有革命力量的，還是在農村。中國共產黨在抗戰期中獲得與北方農村結合，於是新的革命遂再次爆發。

要而言之，近代西方之變乃起於一個新的中層階級之興起，而近代中國之變則變在一個傳統的舊的中層階級之沒落。西方中層階級之興起，由其能自憑生產，自有雄厚經濟爲後盾；中國中層階級之沒落，則由於其不治生產，無經濟憑藉，而不得不俯仰隨人。此一對比，十分重要。我們必須深切瞭解此一種歷史的前因，乃能於當前之急劇變動中善爲措施，妥覓出路。

七

中國共產黨所以能在當前中國社會中逐步生根、逐步發展，主要亦由此一歷史前因。共產黨中重要分子，有些是中學畢了業，無法升進大學的；有些是大學畢了業，無法出洋留學的；有些是歆動於一時「勤工儉學」之美名，出洋流浪艱苦，仍然不得意，沒有其安身立命之前瞻的。在私人是抱的一番懇切上進心，對國家民族，也不能說他們全沒有民族意識與同仇敵愾心。換言之，原先則莫非是此士階層中抱有小資產階級之意識，而實際隨入於無產階級之生活圈中者。他們很快接受了共產思想之宣傳，但一樣沒有自身力量來發動革命。他們所憑藉之力量，一是學生運動。由於學校急劇增添，大量農、工、商家庭子弟，不斷流進學校。近代中國此一士階層，在本質上，則不斷趨於沒落；但在數量上，則又不斷在增添。青年們一進學校，即感到將次沒落的士階層中所深積厚蓄的那種不安不滿的心情，而憑其青年活力來爲共產宣傳作先鋒。另一力量，則來自農村社會，農村社會還是有潛力存在。國民政府憑此兩種力量來支撐抗戰，共產黨則憑此兩種力量來發動革命。

若就整個中國社會來分析，既無所謂封建勢力，亦無所謂資本主義，甚作共產革命之對象；且亦無廣大的勞工階層，堪爲共產革命之主力。在中國社會中只可作二分法：一面是自治生業、自務生產之農、工、商三流。另一面是不治生業、不務生產之士階層。不治生業之一面，在經濟上則依存於自治生業之一面。但雖在經濟上處於依存地位，卻既非封建地主，又非資產階級。何以此種社會能常治久安，維持兩千幾百年而不壞？此層當從歷史上來說明，本文亦暫置不談。本文之所欲指出者，因於近代中國社會之變，而此一士階層，乃上不在天，下不在地，上面失卻其在政治上客觀升進之地位，下面從日益貧乏之農村及小城中失卻其經濟依存之可能。辛亥革命以後，政體改革了，但此一階層之困境，則並不能有所好轉；於是馬列共產主義以及「無產階級專政」之新理論，遂乘虛而入。

但當前的中國社會，既與馬克思當年在倫敦所見之社會不同，亦復與列寧在帝俄時代所藉以崛起之俄國社會不同。中國的共產革命，乃由不治生業之一階層來革自治生業之另一階層之命。自大陸共產政權上臺，若說要肅清貪官汚吏、舊軍閥，乃及官僚、資本等種種惡勢力，其事本屬輕而易舉；一個有振作的新政權，都優爲之，只要有眼光、有見識。彼所急需注意的，一面應是安定農村與小城市，另一面則在如何疏導士階層，使之轉向自治生業與自務生產之新生路。乃中國共產黨認爲他們之成功，乃由遵依馬列教條所指示。其實中國的共產革命，一面是近代中國社會士階層之積累愈深的不滿、不安心理在鼓動，一面是由其深入農村裏脅造反。他們的路向，依然是明末張獻忠、李自成，乃至晚清洪秀全、李秀成的路向，仍不出中國歷史舊軌道。所不同者，事先即有大量智識分子在鼓動、在領導，如是而已。由於中國歷史之舊軌道，加上中國社會近代之新變動，而有此一番革命。但他們不自知其勝利所由來，而認爲是馬列共產主義的勝利。於是一上臺即厲行所謂「階級鬬爭」。照理應該由無產階級勞動大眾鬬倒資產剝削階層的，但實際是一輩不治生業、不務生產而經濟無所依存的智識分子，來鬬倒了一輩安分守己、自治生業、自務生產的農、工、商社會。除卻極少數貪官汚吏及軍閥之外，「三反」、「五反」之對象，豈不具體可以作證？

中國共產黨甚至公開聲言，寧可無褲子穿，卻不能不爆原子彈。此刻原子彈爆了，此可證明中華民族之優秀，卻不能說是共產主義之成功。因共產主義之理想，本不在爆炸一顆原子彈。從另一方面說，使勞苦大眾沒有褲子穿，此卻不能證明是中華民族之無能，而只可說是中國共產政權之罪孽。因共產政權之任務，至少也該人人有一條褲子穿。此一類公開聲言及其事實措施，正可作爲我上所論述中國的共產分子，實際乃由一輩不治生業、不務生產，經濟無所憑依，而仍抱有小資產階級意識的中國近代社會智識分子所轉成之此一事實之鐵一般的證明。

八

但話得說回來。近代中國智識分子，在此急劇變動之時代潮流下，並非絕無覺悟。還在前清末葉，即有少數智識分子提倡此後中國社會之「新士」。主張由士階層轉歸農、工、商三流，自治生業，自務生產。一面爲私人自己謀生，一面爲國家民族造產。把舊士沒入於農、工、商三色中，再由農、工、商三色中醞釀出新士來。所以要把舊士沒入農、工、商三色，此乃追隨時代潮流；所以要在農、工、商三色中重新醞釀出新士來，此乃求其不失文化傳統。此一理想，民國初年不斷演進，有不少智識分子轉向實業界求發展。但因種種因緣，一是政局動盪，戰亂頻仍；一是關稅不自主，外面經濟侵略之力量依然頑強；急切間未能有滿意之成就。自國民革命軍北伐，全國統一，此種趨勢乃日見蓬勃。日本軍閥眈眈虎視在旁，深知過此時機，中國社會獲得新生，再難欺壓，遂不惜冒險啟釁，挑動大戰。而中國智識分子，經此劇變，遂大量折歸共產隊伍，以至於不可收拾。

此刻大陸共產政權，上面是一個極權統治，下面是廣大被統治、被剝削攘奪的自治生業、自務生產的勞苦大眾，但仍不能沒有一個中層階級。此一中層，則是共產黨之忠實幹部，及其龐大無比的一切由政府公帑給養的公教人員；乃至其外圍號稱「民主人士」的，連舊軍閥、舊官僚、舊政客、舊黨人莫不包含在内，搖旗吶喊，助陣作啦啦隊。其實此一中層，百分之九十以上乃由舊社會中之士流所轉成，絕非所謂勞動工、農與無產階級之團結。此一中層目前雖爲極權統治者所利用，卻亦不能不説是共產政權一大包袱。大陸共產政權，高踞在此一大包袱之上，其前途亦不待著龜而可知。但當前大陸共產政權，亦非於此無警覺。只是要由少數掌握極權者來消滅社會一中層，另創一新中層，或改造一新中層，其事實不易，抑且不可能。何況當前大陸共產政權，其意想中所欲消滅或改造的，即其當前所依仗的；其意想中所欲扶植而另創的，即其當前所壓制而施其剝削與攘奪的。與虎謀皮，談何容易！即謂可能，亦非咄嗟可辦。

而況其所欲消滅與改造之中層，乃具有兩、三千年以上之歷史文化傳統淵源者。今試問僅憑兩個外國人幾句話，奉之爲金科玉律，是否可把另一國家，另一民族，積累數千年之深厚文化傳統，全改造了？縱不説其不可能，亦不能不認爲是人類歷史一奇蹟。此刻欲求此奇蹟出現，大刀闊斧，連帶把此一世紀來所僅僅保有的中國社會下層農村基礎也破毀無遺。中國社會正在徹底翻動下，變成一種極度貧血之症，生機癱瘓，無力動彈。若説「存在決定了意識」，已往的中國歷史，此刻的中國社會，確是一存在；試問僅憑馬克思、列寧幾句話，又如何把中國歷史、中國社會這一存在全不顧，而能另搬來一套意識作改造？

但上面所説依然是説的某一政權之起落興衰。雖對我中華民族前途有曲折，有影響，但從較長遠處著眼來討論中華民族之前途，則任何一政權之興衰起落，都不能謂對此問題有所決定。至於爲中華民族文化傳統所深厚寄託之社會中層的一流品之究當如何改造？如何導向其新生而創闢出一新境界來？此層則至屬重要，此後當再更端續有所論述。

（一九六五年二月香港現代雜誌創刊號）

續論中華民族之前途

一

我在上文曾指出中西社會演進不同。近代西方之興起，由其有一個新的社會中層之興起；現代中國之衰落，由其傳統的舊的社會中層之衰落。但所謂衰落，並不是消滅不存在。抑且此一傳統的社會中層，雖在衰落中，卻極不易使之消滅不存在。將來中華民族之出路，則端賴此一衰落的社會中層之能獲得其新生而復興。此篇將續申前義，重加發揮。

二

中國社會另有一特點，即自秦以下，封建貴族消失，即更無一社會上層擁有其統治力量而堅確地存在。歷代的王朝統治，除卻異族入侵，形成爲一種部族政權外，其他各王朝則全由社會中層崛起。因此在政治系統裏雖保有一王室，但論社會組織，則並無一眞實的社會上層之存在。

中國歷代政府，其實乃全由此社會中層即「士社會」所組成而支持。歷代王室推移不外兩形式：一是堯、舜式之「禪讓」，一是湯、武式之「革命」。正因中國歷代政府皆由社會中層來組成與支持，所以革命由下層民衆，主要由農村發動，而下層革命若非獲有中層士社會之參加，亦不能成事。而中層士社會參加進此革命以後，往往移步換形，使革命變爲禪讓而建立起新王朝。

自秦以下，只有漢高祖、明太祖乃以平民爲天子。而漢、明開國亦有大量士羣參加。嚴格言之，劉邦以泗水亭長起事，其妻父呂公善沛令，客於沛，而妻劉邦以其女，則漢高之出身仍當歸入社會之中層，與陳勝、吳廣不同。在中國歷史裏，眞以平民身分崛起下層社會而躍登王座，則惟明太祖一人。

然漢、明兩代，要爲以武力革命成事。其他諸王朝易代之際，則幾乎都從禪讓方式而完成。其受禪爲新王者，非前朝之權臣，即其掌兵之武將。此乃歷史慣例。何以成此慣例？則因中國社會之特殊組織而然，此文中不暇詳及。即論眼前事，中華民國之創建，最後亦是採用了禪讓方式。惟共產政權之得意，則始終走的革命方式。然清代自嘉、道以後，民變屢起，最後最大有太平天國。洪、楊亦從社會中層士羣中躍起。其所以未能成事，則正因其誤用西方耶教，以「天父、天兄」爲號召，失卻當時士羣同情，終至於重蹈王仙芝、黄巢、張獻忠、李自成之覆轍。可見歷史前塵雖屬過去，但對此下繼起事變，則仍有其制約與導引之潛力，不可忽視。

袁世凱與北洋軍閥，憑藉辛亥革命，攘竊權位。此亦中國歷史慣例與其惰性趨勢之又一番表現。但他們不認識時代潮流，妄思稱帝爲王以及割地自雄。其不旋踵而敗，自無足怪。在當時能斟酌於歷史傳統與時代潮流之兩面，而高瞻遠矚，領導國家民族尋求一妥當出路者，惟有孫中山先生。康有爲、章太炎諸人，皆非其儔。但孫中山先生歿後，其所創導的國民黨，又不免盲從外勢，走上歧途。他們過於重視了「黨」，甚至把「黨」高抬在「國」之上，一時有所謂「黨國」之稱。不知「黨」在中國歷史上無淵源，在當前社會上無根基。從事革命不能無黨，而治國則不必憑黨。而且獲得政權後之黨，顯與從事革命時的黨不同。專就黨徒心理言，參加革命黨可以失卻生命，投入政府黨可以獲得權位。再就黨之發展言，從事革命的黨，每易化異爲同；而正在執政的黨，則每易裂同爲異。一黨之演進將漸成爲一種權利結合，而失卻了黨之原始意義。在中國社會模擬西方組織政黨，正如壁上畫餅，有此形象，無其實質，難可充饑。若依照中山先生「軍政、訓政、憲政」之三分期，在軍政、訓政時期，可以需要黨；一到憲政時，則應以憲治國，而非以黨治國。在中山先生之「五權憲法」中，有考試、監察兩權，此乃參酌中國歷史而設置。有了考試權，一切用人全憑考試客觀標準，此乃「才治」，非「黨治」。有了監察權，凡屬政府失職違法，監察院可以超然地位從事彈劾，此乃「法治」，非「黨治」。儘可無反對黨，而已收反對黨之用。儘可不必有兩黨對峙或多黨分立，而自無一黨專政之弊害。而且此考試和監察兩權，在中國自漢迄淸，熟於運用已兩千年。中國歷史在此兩千年中，雖有一皇帝高踞在政府之上，但中國的傳統政治則決不能說其是「帝王專制」，其要點即在此。若使國民政府一開始能眞實重視此兩權，著意發揮其作用，縱使急切間在中國社會不能發展出一理想的政黨，而政治仍可能有軌道，社會中層士羣在政治上之傳統地位亦不致有急劇之搖動；則我在上篇所分析現代中國社會中層之一項重大打擊，亦可消弭，不爲病痛。

只要政治上軌道，依照中山先生建國方略所指示，政府之最切要任務乃在爲國造產，爲民生利。建國方略之首要目標，乃爲實業建國，如興造鐵道、修築公路、開闢商港、疏濬水利、增鑿運河、挖掘礦藏、培植森林。如是等等，或由全國統籌，或由省、縣分區負責。其各方面專門人才任用之權，可交考試院。其防止營私舞弊，督促進行疲緩之權，可交之監察院。政府能負擔起此項實業建國之重任在上，社會民間自可有種種生產企業，與政府相呼應、相配合，而蓬勃鬱起於下。如是則如我上篇所分析，社會中層之對於現代另一重大打擊，亦可消弭，不爲病痛。此因中山先生能參酌歷史國情，迎合世界時代潮流，雙方兼顧，所以在其所指示之大綱領之下，中國現代之社會中層自可獲得新生，在國家民族亦可由此有新出路。

三

不幸國民黨失敗，共產黨繼起，而其一切措施所犯錯誤，乃較之國民黨更深更大。中國共產黨之第一大錯誤，乃在誤認國民黨之失敗以爲即是自己之成功。其第二大錯誤，乃在誤認其自身之成功以爲乃是馬克思、列寧的思想與主義之成功。其第三更大的錯誤，乃在誤奉史太林尊之爲馬列主義正統傳人，而把此後中國建國理想一面倒在史太林身上。如此則離題愈遠，而使現代中國墮入了一個萬劫不復之深淵。

抑且中國共產黨在專政之上，又加進了個人極權。他們的專政，理論上乃是馬列主義所提倡之無產階級。中共乃憑此理論來改造現實，刻意在中國社會上來創造無產階級。其實馬克思理論乃因有了無產階級，始有無產階級之革命；中共則因革命勝利才來製造無產階級。此一首尾倒置，即與馬克思理論大相違背。

抑且從來所謂「革命」，都是由下面社會來革上面政府之命。現在的中共政權，則是由上面政府來革下面社會之命。政府必然依存於社會，目前的中國社會則成爲中共政權革命之對象。於是中共政權乃完全依存於馬克思、列寧、史太林的思想傳統與其教條上，而又錯誤運用了教條。但他們又稱狄托與赫魯曉夫爲「修正主義」，而大施排擊。其實自列寧以來，一切共產主義者，早就對馬克思的理論不斷加以修正。即中共亦何嘗不是共產主義中之修正主義者？而專奉史太林，認爲對史太林有修正，即是大逆不道！探其內情，只不過要保持個人極權；而此一極權之最後依存，則是一套屢被修正、屢被誤解之一番空論；此一番空論，其本原又與中國歷史傳統與當前社會實情，全不相合。

若使如此般的政權，而竟得長久存在，則豈不違反了古今中外人類歷史之大公例？但以如此般的政權而竟得在現代中國出現而存在，則亦只有藉中國歷史傳統與其社會現況來說明。「五四」時代一般社會中層之士羣推翻一切舊傳統、打倒一切舊勢力之過激心理及其過激言論，已爲中共開先路。日本帝國主義之侵略，已爲中共造機會。而中共之獲得深入農村，由中層士羣與下層民眾相結合，乃爲中共革命成功之主要因緣。此實仍遵循了中國歷史慣例，而非遵循著馬克思的理論。中共政權依然是中國慣例中之士羣政權，而非馬克思之所謂「無產階級專政」。惟此一士羣，乃由「五四」時代不尊歷史傳統，不顧社會現實，一味尊信外來思想理論的士羣中蛻變而來。因此此一士羣，同樣不懂得尊重歷史傳統，同樣不懂得看重社會現實，而在外來思想理論中，專投靠了馬克思一家；此乃其與「五四」士羣之相異處。他們一旦得勢，首先要盡力的是改造中國社會，繼之是改造中國歷史。不僅要此後的中國社會完全依照馬克思所想像，而且要以前的中國歷史完全依照馬克思的理論。根據中共領袖自己所承認，在他們奪得政權前後，被殘殺的中國人共有八十萬。自然實際數字，決不止此，但八十萬的數額也已够偉大。而且此八十萬人，同樣有父母，有子女，有家庭，有親屬，有朋友，有鄉黨鄰里，乃及社會相識。此一番恐怖，深入了中國社會男女老少的心裏，急切地也洗不淨、忘不了。中共雖以此而暫時把他們的政權安定下，但亦因此永遠使他們的政權終於不安定。於是「以馬上得天下」，仍不得不「以馬上治天下」，爲要使此政權繼續獲得暫時安定，他們到底不敢下馬背。不斷有清算、有洗腦、有下放、有勞改，使中國社會夫妻不相親、父子不相聚，人人離家去井，有生之苦，無生之樂。不僅盡成爲無產，抑且必需無感情、無理智、無想望，人人變成一架生產工具，機械地爲此政權服務。

自「三面紅旗」之「大躍進」，一轉而爲大饑荒、大流亡，國內信用全失。中乾，不得不外強。「抗美援朝」一役，美軍始終不敢對鴨綠江大橋投一彈，更何論越江而北？中共認定「美帝」只是一死老虎，反抗美帝成爲中共政權宣傳上的一筆最大資本，取之無盡，用之不竭；日日喊出反美帝，事事擺出反美帝，而美帝終無奈我何。只此一點，足使國内人心盡量忍耐，而又抱有希望。儻使美帝眞給打垮，豈不爲近代中國一百年來所受外侮出一口氣？縱使肚子喫不飽，下身無褲穿，究也還値得。若説中國政權在事實上必有所依存，此乃依存於現代中國一百年來民族主義之高昂，而決非依存於中國社會對於共產主義之信仰。然而「打倒美帝」喊了十多年，一樣無奈美帝何，人心積久則生倦，而共產祖國蘇俄領袖又喊出了「和平共存」的口號來。若使反美口號一旦取消，即無異是中共政權之全部破產。於是中共乃逼得又添上反蘇、反赫魯曉夫的主張。舉世兩大強國，全在中共政權反對之下。

當然美國在躊躇，而蘇俄更躊躇；兩國隱忍不發，中共雖不能在軍事上向外，但在外交宣傳上，究已取得了無上勝利。憑此勝利使國內人心更躊躇，更隱忍。中共政權儼若與美、蘇鼎足而三，抑且駕美、蘇而上之。這樣的政權，國外無人動搖得，國內自也沒有人必求此政權之動搖。

然而宣傳抵不過事實。對內則殘民以逞，對外又與世爲敵；若使人類歷史有公例可援，有常理可推，此一政權，究是危險已極。今天中共，則惟有行險以僥倖，只盼望渡過此危橋，撐過此險灘，後面或可有好望。此一大膽行險卻獲得了舉世震驚，誤認爲中共對內無把握，何敢對外冒大險。於是中共政權乃重新抖擻出精神，使舉世刮目相看。又加上爆炸了一顆原子彈，更使舉世談虎色變。中共政權也實足引此自豪了。

今天的中共問題已成爲舉世矚目一中心大問題。但面對此問題者不免有兩謬見：一是誤認中國共產黨即代表了中華全民族，二是誤認中共政權之向外即表示其對內之安定。不知中共政權之一切向外，其起因正在於內部之不安定。對內無辦法，則只有轉而向外。爆了一顆原子彈，好使國內人心再隱忍幾年下身無褲子穿。有了原子彈，縱無褲子也該再忍耐。反美、反蘇，好使國內人心再隱忍幾年不反共。中共敢於反美、反蘇，而美、蘇不敢反中共，此乃中共對國內人心一服最強有力的鎮定劑。於是美、蘇同在觀望，中國國內人心亦同樣在觀望。中共領袖即在此萬目睽睽，舉世觀望之下，登壇唱好戲。

四

以上把中共能在現代中國出現而存在之理由約略加以說明。若我們先把第二謬見澄清，知道今天的中共，並不是內部有了辦法纔向外，第一謬見也易於連帶得澄清；而中共之前途並不是中華民族之前途，亦可不再申言。今所探討則是中華民族之前途。此事自應根據中國歷史傳統來推測。而中國歷史傳統則不能把一百年來之中國近代史作代表。凡此種種複雜糾纏、混淆錯誤的觀念，先能逐一加以澄清，乃可於中共前途以及中華民族之前途，得出較清晰、較合理之推論。

就歷史家任務言，應能從人類歷史中推籀出幾項不可違背之公理，卻不能預定出許多不可預知之事變。惟其事變不可預知，所以歷史上的人事有成敗。即就其人事之成敗經驗中而推籀出幾許不可或違之歷史公理，此乃歷史家任務。但事變不可預知，則歷史家之任務，亦到此而有其限度。中共政權前途必變，若不變，則必敗，此乃就「理」言。中共政權將在何時變，或何時敗，又將如何變，或如何敗，此乃就「事」言。事變不可確切預知，事理則可推斷論定。但所能論定之事理，仍當受不可預知之事變之影響。故在今日而來推斷中華民族之前途，仍不可抹殺了中共政權此後一切之變。推斷亦有一限度，我們姑且擱置此後中共政權方面之一切事變於不論，僅論歷史公理，則易使吾儕免得困滯在當前處境之下，坐守待變，而知早有所努力。

今天最大問題厥爲復興社會中層，而復興之道則須側重在經濟問題上，能由「無產」而變成爲「有產」。此一「產」字主要指生產言，此義亦已在上篇闡述過。不幸此一問題乃久爲國人所忽略。「五四」時代提出了「民主」與「科學」兩口號。講民主誤使人太重視了政黨活動，講科學又只偏重在思想與方法上。不知社會無實業，則科學不生根。社會中層無實業可憑，則政黨不生根。於是民主與科學種種理論，亦僅成爲空論。理論不兌現，轉使此一理論失卻信用，於是五四新文化運動乃迅速成爲共產運動，造成目前之慘劇。

今天的我們隨着中華民國政府流亡海外，固然是天天期望着反攻，但反攻亦是一事變，有待各方因緣湊合，本文不擬詳論。但縱使反攻實現成功，大家得還大陸，此一百年來之大問題則依然存在。就歷史常理言，必待社會變而後政治始有變。必待社會有力來監督、指導政府，而後此政府始能符合社會之所想望，而走上理想之軌道。即專就中國歷史傳統亦可說明此理。但辛亥革命前後一輩人只說「中國自秦以下只是一個專制黑暗政府」，此固是謬見；或謂「遇一皇帝好，政治亦便好」，此亦同樣昧於史實。只孫中山先生一人能超出此時代謬見之上，他纔會提出考試、監察兩權來創立他的「五權憲法」論。作者在民國三十四年寫過政學私言一書，頗於中山先生「五權憲法」之用意有所發揮。其後不久，政治協商會議召開，有一位參加此會議之知名學人曾經當面對我說：你此書好像預知有此一會議而事先提出許多意見來。但此會議其實只是討論政黨分贓，對於建國大計，無人注意。後來制憲，連中山先生「民族、民權、民生」的「三民主義」也改成了美國林肯所說的「民有、民治、民享」，始獲載入憲章。此則因民族、民權、民生的三民主義，羣認爲是國民黨一黨私言，他黨人不肯接納；引用外國人說話，則大家可以不反對。在如此的士羣心習之下，馬克思究竟也是外國人，列寧、史太林同樣是外國人，比較易於鎮壓人心。而今天的中共，認爲個人獨裁便可領導一黨，一黨專政便可改造一國，可以爲所欲爲，所向無不如意。此一種想法，推溯根源，亦實與辛亥前後一輩人羣認爲「中國自秦以下兩千年傳統政治只是專制」的說法有關聯。無怪乎當前有許多外國學人也要認定中共獨裁乃是中國傳統，乃是中華民族自己的法寶了。「生於其心，害於其政」，當前中國知識分子依然輕蔑歷史傳統，依然還忽視社會現實。主張共產，則信奉馬列；反共則尊英、美，高談民主政黨政治；總之是外來貨。

談政黨則只注意政權爭取，不問自己憑藉。憑藉政府津貼，而自稱爲反對黨；憑藉軍閥支持，而自稱提倡民主反軍閥；憑藉外國人補助，卻說爭取自由獨立。當年孫中山先生則憑藉海外華僑之捐獻，可見政治活動必仗經濟。社會有新經濟，政治上始可有新活動。若使在清末沒有海外華僑的新社會存在，至少當時的革命事業不如是般易於萌茁與成長。

五

如是又轉到實業建國之理論方面來。中國傳統文化，在實質上，並不與近代新興科學相衝突。而「五四」時代一般意見卻認爲非打倒傳統文化，即無法發展科學。此又是一大謬見。但此問題不擬在本文詳論。至少中國人之聰明智力決不是不能在科學上有貢獻，此層今已爲大家認許。而中國人向重實際，歡迎新科學，決然會歡迎新實業。在民國初年，新實業早在中國社會中萌生新芽。當時江蘇之南通、無錫，隔江對峙，蔚爲中國之新實業地區。南通由張季直一人提倡經營，即以紡織、墾殖等投資所得來創辦社會福利及教育文化事業。無錫的實業界，則是羣龍無首，個別興起。但有一點深值注意者，每一實業家，只要經營有盈餘，必然在其鄉里或城市中創辦一所學校，或小學、或中學，亦有獨家出資辦專科以上學校的。如抗戰前唐蔚芝先生在錫所主持之國學專修館也曾造就不少人才，乃由無錫唐家出資創始。而抗戰後無錫紡織業領袖榮氏，獨資創辦了一所江南大學。作者籍貫無錫，亦曾在江南大學服務，有機會與老校主榮德生先生時作長談。德生先生謙冲爲懷，認爲此校由其兒子們發動創辦，他絕不敢居功；而且認爲辦學要有成績，全賴師長教授們，斥資興學亦無功可居。他又敍述他棄學從商之經過說：有一年，與友同遊杭州西湖，在湖濱一酒樓喫飯，遇到羣丐圍聚討乞。大家因談起無錫家鄉亦有此情形，何不歸後各自辦幾個小廠，也可收容一些失業人。此乃當初經商之動機，卻不料事業逐步發展。又說錢財是身外之物，帶不進墳墓去。生前多財受人重視，身後就給人忘了。他說他生平只有一件事或可在身後供人留念，他所指乃是由蠡湖直通太湖黿頭渚一座七十環洞之長橋；既便交通，也爲湖山增添景色。他又說：辦實業固與大衆福利有關，但總不免是爲家庭子孫積財；但財聚必散，那有可以私家長守的！我因與德生先生積年長談，深感到中國傳統文化與近代實業經營，既不背道相馳；又若把中國傳統文化之精義貫徹到近代的實業經營中去，亦不會形成資本剝削階級，更不要提倡無產階級鬪爭。偶舉德生先生談話可以爲例。但據聞德生先生在中共主政後，閉門餓死，晚境極可悼念。回想民國初年，南通、無錫馳譽全國，稱爲模範縣。只要政治上軌道，全國各縣都能如南通、無錫，接踵繼起，中國早已有出路。又若使全國士羣中多有幾個張季直與榮德生，把心力轉注到經營實業方面去，也可解消許多政權爭奪之禍害。

六

在今天國內此一生機早已窒息，而海外華僑的處境又備極艱困。更可憾者，一輩知識分子依然高談科學、民主，認爲非此不算得能追上潮流。不悟實業不振興，則科學無實用，民主無根基。在新潮流之下之知識分子，亦豈能專以從政講學、不務生産的小圈子自限？有些知識分子，只要一轉到工商實業界，便認爲一行經商，即可自外於士流，對國家、民族、政治、教育、社會、文化皆若不相干，一意以從事私人企業自劃疆界。不悟在中國傳統文化之理想下，實有更高一層的企業精神，有待我們新興實業家來發揚蹈厲。至少在民初實業界前輩如上舉張季直、榮德生諸人，可作榜樣。我認爲中國社會中層之復興，必有待於經濟實業與文化教育理想之合流；而我所認爲中國此後之新士，亦必從此處擴大境界，開出新面。我並不是説凡屬新士，則必須經幹實業；凡屬企業界，則必須兼務從政與講學。但當知同條共貫，一本萬枝，經濟實業之與政治教育，必須血脈流通，精神交映，合則兼美，分則兩枯。此乃中國傳統文化精義推陳出新所當到達之一境界。而此一境界，則有待於當前知識分子之先自覺悟，將民族傳統文化與世界現代潮流兼顧交融，從新意識醞釀出新人生，從新人生表現出新社會，由此而有新教育與新政治。既非抱殘守缺，亦非依樣葫蘆，近代英、美之資本社會可以迎頭趕上，而不復有其流弊；近代馬、列之共産理論可以連根拔起，使不復再有所藉口。

但茲事體大，貴能分途並進。當政的瞭解此義，便可從中山先生遺訓中，獲得如何建設新制、施行新政之新啟示。掌教的瞭解此義，便可從歷史傳統與世界潮流中體會出新哲學、新思想，於社會服務、人生修養各方面，開出切實有用的新指導。工商實業界瞭解此義，便可就各自的企業中寓有新靈魂、煥發新光輝。只要一方面向此途邁進，他方面自會聞聲相應，相得益彰。顧亭林所謂「天下興亡，匹夫有責」，其旨義便如是。但顧氏之所謂「匹夫」，其意中實仍指社會中層言。我此分析，非必於社會顯分等級；此乃分層負責，爲社會人事所應有之一理。中國文化傳統一向重視士流，其義旨亦在是。

必使中國有新士，中國社會即有新中層，中華民族即有新出路，而中國傳統文化可有新光采、新貢獻。此項貢獻卻並不專限在中國一國、一民族，亦可對世界人類提供有新轉變。草述大義，以爲發端，敬待關心此問題者之垂教。

（一九六五年三月香港現代雜誌一卷二期）

縱論民族之前途

一

中華民國已創造七十餘年，但手創中華民國之孫中山先生所主持提倡之三民主義，則實未在中國教育制度上一日實施。學制與學風，僅以仰慕西化、出國留學爲最要之歸極。欲求民族自強，惟此一途。全國人之終極理想，亦惟在此。七十年來之已往歷史，豈不誠然？此下吾國人儻仍然提倡三民主義，則此一風氣是否正確，實宜首先注意討論研究，以決定其究竟。

民族主義之首先要端，厥爲對自民族已往傳統文化之自尊與自信。而吾中華傳統五千年來，亦確有其值得自尊自信處。今值西化開始衰退，在歐美途窮思變，在吾中華則更值深切反省。竊謂講古代則宜以孔子爲主，講現代以下則宜以孫中山先生爲主，此則斷無可疑者。

二

儻論孔子，則當以仁爲主。此一「仁」字，乃西方所無，迄今西方尚未有一確切之翻譯與解釋。至少明白可言者，此「仁」字乃與西方傳統「個人主義」正處相反之地位。

儻謂中國言仁，即猶西方言多數，此又大謬不然。孔子言：「人不知而不慍。」又言：「天生德於予，知我者其天乎！」此等一己內在之自信，皆與西方之尚多數大異其趣。但此等自信，即在此心之仁，亦決非西方之個人主義。故能明得中國一「仁」字，庶可明得吾中華傳統文化中心精要之所在。

孟子言：「天下定於一。」又曰：「惟不嗜殺人者能一之。」以不嗜殺來釋「仁」字，可謂雖粗淺而實恰當。今天全歐洲共分三十餘國，正其嗜殺人，故分而不能合。近世核子武器之發明，亦可爲其嗜殺人具體一例證。近日國人方譏吾民族不進步，其實最具體顯見者，亦可謂即在其殺人之技術上不進步。

故可謂殺人技巧之進步，即西方文化之進步。能在殺人方面發明種種理論、種種利器，此即其文化進步一顯證。今日美、俄雙方在核子武器方面。作種種裁減之協議，此乃人類可得和平幸福一可喜之現象。但亦實可謂乃西方傳統文化精神一退步，或將轉嚮之一例證。若不謂之退步，則以前之發明核子武器，又當以何辭說之？

西方盛行商業，中國古人日中爲市，有登壟斷而望者即爲非仁，故曰「信義通商」。信義雖非即仁，但曰「仁信」、「仁義」，信義亦同爲達仁一步驟。

中國道家，則主其民雖同居一鄰里，而老死不相往來，故惟鷄鳴狗吠之聲相聞而已。但老子書又言：「既以爲人，己愈有；既以與人，己愈多。」則亦主「爲人」、「與人」，與西方人之經商「爲己」大不同。即如楊朱爲我，亦言「拔一毛利天下不爲」。是則中國人之爲己，乃終是消極性的，與西方人之積極爲己有大區別。

三

此種文化相異，實本於人心相異，中國人則稱之曰「性命」。性命實出於自然。中國人尊天，其實天即自然，自然即天。故曰：「莫之爲而爲者謂之天。」中國言天，實乃一抽象名詞，一虛無之名。

又如中國人言龍，世界各地無此動物，實亦一抽象字。但人生非能專本虛無，一歸抽象。抽象之下，仍當有具體爲之證實。中國人一切文化本源，乃在此心之誠。西方人言眞、善、美，中國人無此分別，惟一「天」字，惟一「誠」字，即已包括盡之矣。

中國人之天，極廣大，極悠久，無可具體指認。反之己心，當下即是。此「心」與「天」，乃中國文化大道之兩端。此兩端間，亦可謂有極長之距離，但亦可謂兩端合一，無距離可言。「執其兩端，用其中於民。」中國人所用之「中」，即本此「天」與「心」之兩端。每一凡民，何嘗不知有己之當下之一心？而即此乃即大道之一端，亦即「天人合一」之一端。道家所謂「眾妙之門」，亦即在是矣。此爲中國傳統文化最高、最深之運用與體認，具有西方極高深之哲學情味；而在中國，則人盡能之。文化大統之與每一小己，亦即所謂兩端矣。即此兩端亦有所謂中。此「中」字亦一共同抽象字，即在此天與心之兩端間。此乃中國傳統文化主要精義之所在。中庸書中一「誠」字，亦具此義。

四

然則欲求中國文化傳統之大道，即就各人當下內在之一心即可得其一端。求之此心則須「學」。孔子言：「十室之邑，必有忠信如丘者焉，不如丘之好學也。」必有忠信如丘，即一自然，此自然即人，與天之自然分爲兩端。孔子之所謂「學」，亦可謂以人學天，亦正以己之一心與天爲兩端。莊老道家起儒家後，好言自然。中國文化孔子以後則不啻有儒與道之兩端。其後則有佛教東來，又與中國文化分爲兩端。

西漢太史公言：「究天人之際，通古今之變。」此十字，極盡人生境界，只此「天人」與「古今」各處一端。中國人之爲學貴明通，能明此兩端以通歸之於中，此乃中國文化之最大歸極處，亦即中國文化之最大發源處。上述司馬遷此十字，則已包括淨盡矣。

近代國人方竭意討論中西文化異同，若以較之司馬遷之所謂「天人」、「古今」之兩語，則誠如小巫見大巫，無可相擬。繼今以後，歐洲文化漸次墮落，而「天人」、「古今」之相異成比，則終無可免。誠可以見中國古人心思之博大悠深，斷非近代接受歐化者之所能相擬矣。

五

余嘗謂論語首句「學而時習之」，近人注意到「學」字，而忽了「習」字。不知乃更忽了此「時」字。孔子「聖之時」，中國文化乃一尚時的文化，故能緜歷五千年之久。此一「時」字，即已包括「天」與「心」之兩端。今日競尚西化，重物質，重權利，皆一時事，非常時事。此又誰與言之！

中國人又稱「時代」，彼此前後相代。此一「代」字觀念，又爲西方觀念所無。故中國自古夏、商、周三王朝即稱三代，家庭父子相傳亦稱代。孔子後生，迄今已七十餘代。但在西方，無父子相代義，亦不稱羅馬代希臘而興，亦不稱現代之英、法代羅馬而興。然則此後又誰起而代英、法？此則無人能言。前後不相代，誠西方文化一大堪悲悼事。

西方人既無如中國人之時代觀，因亦無中國人之所謂時間觀。中國人稱時間又稱「時候」；後之代前，必有一距離，此稱「時間」，有「間」乃有「候」。西方人亦無此「候」字一觀念。西方人之於時，乃僅知有「變」之一觀念。變之前，則有創造，有建立，有開闢。要之，西方人之時間觀，乃有始而無終，有起而無迄，甚至乃有已而無人，故亦不得謂之有時間，猶如其不言人間，不言世間；故亦可謂西方乃有「時」而無「候」，則宜其無「間」字、「代」字觀。西方之一切則莫不偏於一端，此誠西方思想界一大缺陷。

六

西方人因無時間觀，遂亦無歷史觀。其視人生亦僅有一成熟期，即現在期，乃無前起之幼小期，及後承之衰老期。使人人時時僅是一成熟，豈不大可欣賞？但宇宙間，又從何處去覓此一只有成熟而前無幼小、後無衰老之人生？人生在幼小、衰老時，皆不堪獨立，亦不能與中年期相平等。而西方人則最喜言獨立、言平等。故西方人之於人生界，乃只見有成熟期，而不認其有成熟之前後。但宇宙間，又不能成熟繼成熟，更無他狀。故西方觀念，乃有成無敗，只一成熟，前無起而後無繼。中國人則必曰「幼吾幼」、「老吾老」，斷不忽視人生之幼、老。

試問西方此一成熟，乃由何來？此因西方人不知有歷史觀，故在其未成熟前，乃棄置不論，無人注意；則待其既衰敗後，亦當然，又無人注意。依中國人觀念，此即其「不仁」。但其人生亦非眞無幼稚與衰老之兩期。今日以下，西方文化已將走入衰老期，乃亦將無人可知其爲變之狀矣。

西方人因無時間觀，故興則驟興，衰則驟衰。衰之後，亦不復再興。西方人僅論當前，當前一刹那外，皆不在心下。惟中國人則主守先而待後。既有先可守，又有後可待。此一「守」字、「待」字，實亦即孔子之所謂「仁」。中國之先，已經五千年之久，則其所待於後者，亦可知。

七

世界各民族之前途有一大前提，首則必求相安，次則又求相和，再次則可各自有其進步。若必相爭、相殺，則又何以善其後？孔子「仁」字，其義即在此。而中山先生之三民主義，其涵義實亦從孔子來。中國民族求能永存，其他民族何嘗不然？推己及人，此始爲中山先生民族主義之大綱所在。儻民族間相爭、相殺，其勢必達於相盡，此乃孔子之所謂「大不仁」。故若論中山先生之民族主義，亦仍必以孔子之論仁爲其大前提，乃始有當。

然則今日而求宣揚中山先生之三民主義，首要自在教育上。而教育精神當自求我本民族之文化傳統善加宣揚。孔子之所謂仁，豈不當爲我民族國家文化教育一大宗旨、大理想之所在？此亦誠値我國人之深加討論矣。

（一九八八年九月臺灣動象月刊第二十一期）

柳詒徵

一

當民國十年前後，學術界掀了「新文化運動」之大浪潮，以北京大學爲大本營，以新青年雜誌爲總喉舌。登高而呼，四野響應。所揭櫫以相號召者，舉其要旨，爲「禮教喫人」，爲「非孝」，爲「打倒孔家店」，爲「綫裝書扔毛厠裏」，爲「廢止漢字」，爲「羅馬字拼音」，爲「全盤西化」。其他驚眾駭俗之談，挾一世以奔赴恐後者，不遑枚舉。時則有南京東南大學諸教授持相反議論，刊行學衡雜誌，起與抗衡。其中執筆之士，尤爲一時注目者，則爲丹徒柳詒徵翼謀。因學衡社同人，亦多遊美留學生歸國，惟柳氏獨以耆儒宿學厠其間，故益以傾動視聽也。

柳氏曾有論近人講諸子之學者之失一文，刊載於史地學報第一卷第一號，文中大意謂：

近日學者，喜談諸子之學，家喻户曉，寖成風氣。然撢擘諸子之原書，縱貫史志，洞悉其源流者，實不多覯。大抵誦說章炳麟、梁啟超、胡適諸氏之書，輾轉稗販，以飾口耳。諸氏之說，率好抨擊。雖所詣各有深淺，而偏宕之辭，恒繆戾於事實。後生小子，習而不察，沿訛襲繆，其害匪細。

又曰：

吾為此論，非好與諸氏辯難。祇以今之學者，不肯潛心讀書，而又喜聞新說。根柢本自淺薄，一聞諸氏之言，便奉為枕中鴻寶。非儒謗古，大言不慚。則國學淪胥，實諸氏之過也。

文出，章氏即來書自承己過，謂：

大著所駁鄙人舊說，乃十數年前狂妄逆詐之論，妄疑聖哲，乃至於斯。是說今叢書中已經刊削，不意淺者猶陳其芻狗。足下痛與箴貶，是吾心也。感謝感謝。

柳氏覆書云：

前文初非敢妄有論列，實病輓近少年，不肯潛心讀書，第知掇拾時賢一二緒論，變本加厲，疑經蔑古，即成通人。揚墨詆孔，以傳西教。後生小子，利其可以抹殺一切，而又能尸國學之名，則放恣顛倒，無所不至。斯則尤所痛心者耳。

觀此，可以想見當時學術界風氣之一般，與夫柳氏論學用心之所在。

二

柳氏之學，尤長於史，有史學要義一書，謂：

禮者，吾國數千年全史之核心。社會變遷，人事舛牾，史官所持之禮，僅能為事外之論評。而賴此一脈之傳，維繫世教，元凶巨慝有所畏，正人君子有所宗。雖社會多晦盲否塞之時，而史書自有其正大光明之域。

又曰：

史之所重，在持正義。

又曰：

史以明政教，彰世變，非專為存人。

又曰：

六藝之形式不同，然其義理之關於政治則一。故曰：「六藝於治一也。」不知此義，不能知中國史學之根本，亦即不知中國一切學術之根本。使治史者明於此義，自不至病吾國史籍只述朝政，不及民眾社會，目為「帝王家譜」。更不至以帝王制度已更，謂資治通鑑為「帝王教科書」，而今之學者不必研究矣。

又曰：

又曰：

近人講史學，不知推本春秋，漫曰「春秋是經非史」，而中國史學之根本不明。史之為書，所以善善惡惡也。善善惡惡者，人之性而受命於天者也。吾國之為史者，其淺深高下固亦不齊；而由經典相傳，以善善惡惡之性從事於史則一。章實齋有見於此，故為史家說明第一義，曰：「史之大義出於天。」

又曰：

孔門講學，根據六藝，以之從政。告冉有以富、教，語子貢以食、兵，示顏淵以為邦，許仲由以治賦，未嘗離家國天下而言學。惟其術，本末始終，一貫相承，必自身心推暨事物，無所畸輕畸重。故空言心性，偏尚事功，亦不可謂非儒術，但非其全耳。

又曰：

顧在今日，外鏡列邦，內新庶政，舉凡立國交鄰，選賢興學，民治兵役，地政路工，反惟古制可以取資，而近史轉多隔閡。蓋聖哲創垂之制，多積極而運以精心。後史補苴之為，多演變而失其原理。故不獨作述迥殊，其中聯貫之精神，且非囿於後世心習者所能了解。

又曰：

王國維殷周制度論謂「合天下以成一道德之團體」，其精髓，周制獨隆。前此必有所因，雖周亡而其精髓依然為後世之所因。千古共同之鵠的，惟此道德之團體。歷代之史，匪帳簿也，臚陳此團體之合此原則與否也。地方志乘，家族譜諜，一人傳記，亦匪帳簿也，臚陳此團體中之一部分合此原則與否也。

又曰：

任何國族之心習，皆其歷史所陶鑄。惟所因於天地人物者有殊，故演進各循其軌轍。吾之立國，以農業、以家族、以士大夫之文化、以大一統之國家，與他族以牧獵、以海商、以武士、以教宗、以都市，演為各國並立者孔殊。而其探本以為化，亦各有其獨至。驟觀之，若因循而不進，若陳腐而無當，又若廣漠而不得要領。深察之，則其進境實多，而其本原不二。其由簡而繁，或由繁而簡者，固由少數聖哲所創垂，要亦經多數人民所選擇。此史遷治史，所以必極之於「究天人之際」也。

凡柳氏所指示之國史大義，綱宗所在，率具如此。乃與當時僅知以疑古辨僞爲史學，與夫此下之僅以枝節委瑣之考據爲史學者，相距遥遠。

三

柳氏又爲中國文化史，其弁言有曰：

嘗妄謂學者必先大其心量以治吾史，進而求聖哲立人極、參天地者何在，是為認識中國文化之正軌。

又曰：

吾人正不容以往史自囿，然立人之道，參天地，盡物性，必有其宗主。而後博厚高明，可推暨於無疆。吾往史之宗主，雖在此廣宇長宙中，若僅僅占有東亞之一方，數千禩之矩晷；要其磊磊軒天地者，固積若干聖哲賢智創垂賡續以迄今茲。吾人繼往開來，所宜擇精語詳，以詔來學，以貢世界。此治中國文化史者之責任。

其緒論有曰：

今之所述，限於中國。凡所標舉，函有二義：一以求人類演進之通則，一以明吾民獨造之眞際。

其書中精義，絡繹紛紜，幾於觸目皆是，俯拾即得。茲姑摘錄其評騭宋學與清學者以見一斑。其評宋學有曰：

謂宋人空疏不學，較之後世若遠不逮者，實目論也。其爲宋儒之學之主體者，即宋史特立一傳之「道學」，而世所稱爲「理學」者也。

周、程諸儒，固擅道學之正統；而自安定、泰山以下，乃至荆、蜀之學，雖有淺深純駁之差，而其講求修身爲人之道，則同一鵠的。上下千古，求其學者，派別孔多，而無不講求修身爲人之道者，殆無過於趙宋一朝。故謂有宋為中國學術最盛之時代，實無不可。推諸儒所以勃興之原，約有數端：一則鑒於已往社會之墮落，而思以道義矯之。二則鑒於從來之學者，專治訓詁詞章，不足以淑人羣。三則韓、李之學已開其緒，至宋而盛行古文，遂因文而見道。四則書籍之流通盛於前代，其傳授鼓吹，極易廣被。而其尤大之原因，則溝通佛、老以治儒學，發前人之所未發。

文、周、孔、孟，皆是在身上做工夫者。自漢以來，惟解釋其文字，考訂其制度，轉忽略其根本。其高者，亦不過謹於言行，自勉為善，於原理無大發明。至宋儒始相率從身上做工夫，實證出一種道理。不知者，則以是為虛誕空疏之學，反以考據訓詁為實學。不知腹中雖貯書萬卷，而不能實行一句，仍是虛而不實。

近人病宋學者，往往以為宋學虛而不實，或病其無用，或病其迂腐；要皆未知宋儒之實際。蓋宋儒眞知灼見人之心性，與天地同流，故所言所行，多徹上徹下，不以事功為止境，亦不以禪寂為指歸；此其所以獨成為中國唐、五代以後勃興之學術也。

其論清學則曰：

滿清中葉，考據之學大興，當時號為「漢學」。迄今猶有盛稱漢學者。清初諸大儒，學行兼崇，固不分所謂漢、宋。

乾、嘉之際，「漢學」之幟，風靡一時。講求修身行己、治國成人者之風，遠不如研究音韻、文字、校勘、金石、目錄之學者之盛。一涉宋、明心性之談，則相率而嗤之。近人尤盛稱其治學之法。謂合於西洋之科學方法。實則搜集證佐，定為條例，明代學者已開其端，非清人所得專美。

吾謂乾、嘉諸儒所獨到者，實非經學，而為考史之學。諸儒治經，實皆考史。或輯一代之學說，如惠棟易漢學之類。或明一師之家法，如張惠言周易虞氏義之類。於經義亦未有大發明，特區分畛域，可以使學者知此時代此經師之學若此耳。其於三禮，尤屬古史之制度。諸儒反復研究，皆可謂研究古史之專書。即今文學家標舉公羊義例，亦不過說明孔子之史法，與公羊家所講明孔子之史法耳。其他之治古音、治六書、治輿地、治金石，皆為古史學，尤不待言。惟限於三代語言、文字、制度、名物，尚未能舉歷代之典籍，一一如其法以治之，是則尚有待於後來者耳。

又曰：

清代學術與宋、明異者，有一要點。即宋、明諸儒專講為人之道，而清代諸儒則只講讀書之法。此指乾、嘉學派而言。惟明末清初之學者，則兼講為人與讀書。矯明人之空疏，而濟之以實學。凡諸魁傑，皆欲以其學大有造於世。故其風氣與明異，亦與清異。其後文網日密，士無敢談法制經濟，惟可講求古書，盡萃其才力聰明於校勘訓詁。雖歸本於清初諸儒，實非諸儒之本意也。

凡柳氏所陳宋、明、清三代學術大趨，與夫其分別異同得失之所在，較之當時羣所鼓噐之學風，盡力推尊清代乾、嘉諸儒之考據，而菲薄宋儒義理心性之學者於不屑一顧，正不啻恰相處在一對立之地位。然在當時，北方學者新文化運動之聲勢方張；柳氏講學南雍，雖亦俊彥羣湊，隱然爲一方重鎮，而砥柱之屹立，終無以障洪流之奔騰。直至於今，懲前毖後，痛定思痛，柳氏書如國史要義與中國文化史，皆獲在臺重印，並獲再版、三版，此後當益獲社會及學術界之重視，可預卜也。

（原載一九七一年十月臺北中華學術院編中國文化綜合研究書中）

錢基博

一

民初以來，與「新文化運動」前後作桴鼓之相應者，復有「新文學運動」。一人唱之，百人和之，不崇朝而叫囂遍全國。「的、呢、麼、哪」爲摩登、前進；「之、乎、者、也」爲腐敗、落後。時閩侯林紓琴南羣奉爲當代古文學一宗師，於北京大學有講席；稍抒微詞，譏罵隨之，酷薄無狀，琴南乃噤不復作聲。乃有無錫錢基博子泉，獨守古文殘壘，不樹降旛，而作負嵎之抗。積年纂輯，有現代中國文學史長編之作。是書敍次，略分兩派：曰「古文學」，曰「新文學」。乃大肆揄揚於冢中之枯骨，仍稱之曰「古文學」，取以與「新文學」相抗衡。而其所謂「新文學」者，又分「新民體」、「邏輯文」、「白話文」三類。當時白話文幾已成爲國內唯一文體，而子泉書中，白話文僅爲新文學中之一體。書中每一體，各著一大師以明顯學，而附著其弟子朋從之有聞者。白話體僅得四人，於全書所列其他各體諸人，名額僅占二十分之一。論其篇幅，白話文亦只占全書二十分之一。其故爲有所抑揚於其間乎？抑亦所謂「著之空言，不如見之行事之爲深切著明」乎？此則待讀其書者之自爲論定。

其書又喜用「激射隱顯」之法，自謂：「事隱於此而義著於彼，激射映發，以見微恉。」如敍戊戌政變本末，詳見康有爲梁啟超篇；而戊戌黨人不饜人意，則見義於章炳麟篇，藉章氏之論以暢發之。如此之類，未可更僕數。故其書若僅爲敍述，不加論贊，無作者個人之意見；實則作者之意見，乃胥於「激射隱顯」中見之也。

書中有一跋文，謂：

蒐討舊獻，旁羅新聞，草創此篇，始於民國六年。積十餘歲，起王闓運以迄胡適，裒然成鉅帙。人不求備，而風氣變遷，大略可覩。革命成功，此諸公者，或推或挽，多與有力。然冒寵利以居成功者，所在多有。獨章太炎革命之文雄，而自始於革命有過慮之譚。長圖大念，不自今日。而論者徒矜其博文，罕體其深識。康南海維新之先鋒，而垂老有篤古之論，著歐洲十一國遊記。然疑歐化，若圖晚蓋；回首前塵，能無惘然！獨梁任公沾沾自喜，時欲與後生相追逐，與之為亡町畦，若忘老之將至，而不免貽落伍之譏。乃知推排成老物，此亦無可如何之事。任公嫵媚動人，南海權奇自喜，一師一弟，各擅千秋。嚴又陵與南海、任公同時輩流，早年聲氣標榜，抵掌圖新，唱予和汝。而臨絕哀音，乃力詆康、梁，以為「社會紀綱之滅裂，少年心行之浮薄，誰生厲階，二公實尸其咎」。感慨惻愴，言之雪涕。嗚呼！神器不可以一端闚，愚民不可以浮議擾。嚴叟國士，抑何見之晚也！舉一世之人，徒見諸公者文采炤映，傾動當時；而不知柴棘滿胸，中有難言之隱，捫心不得，抱慚何窮！讀者以此一帙為現代文人之懺悔錄可也。民不見德，唯亂是聞。餙餙諸公，高文動俗，徒快一時，果何為乎！

此跋撰於民國二十一年之十二月。

其書既出，乃大獲暢銷，於民國二十五年增訂四版。有識語，乃益自宣揭其著作之意。有曰：

余讀太史公書商君列傳，敍鞅欲變法，備列羣臣廷辯之議，又著鞅自歎為法之敝以終於篇。是書論列諸公，亡慮皆提倡宗風以開一代之新運。然利未形而害隨之。昔賢詠「一將功成萬骨枯」，吾則謂：「一儒成名，百姓遭殃。」我生不辰，目覩諸公哀哀，放言高論，喜為異說而不讓，令聞廣譽施於身；而不自知諸公之高名厚實，何莫非億兆姓之含寃茹辛有以成之。今吾儕小民，呻吟憔瘁於新政制之下，疾首恫心，求死不得。末學小生，叫囂跳踉於新學說之中，急言竭論，迷復何日！誰生厲階，至今為梗。然有自始為之而即致其長慮卻顧者，章炳麟是也。有自始舍舊謀新，如恐不力，而晚乃致次骨之悔以明不可追者，陳三立、王國維、康有為、嚴復、章士釗是也。有唯恐落伍，兢兢焉日新又新以為追逐，而進退維谷，卒不掩心理之矛盾者，梁啟超、胡適是也。博檮昧無知曉，但掇拾排比諸公之行事及言論，散見於數十年中各報章，而參證之於本集，敍次之以系統。追憶昔年誦說王樹枏之抗論詆廖平，朱一新之貽書規南海，馬其昶之上疏論新政，方在少年盛氣，以為頑朽，斥其昏庸。及今覆之，何乃不幸言中。生民道盡，驗於著蔡。時迫事近，其在今日，溺於風尚，中於意氣，必有以余論列為不然者。吾知百年以後，世移勢變，是非經久而論定，意氣閱世而平心，事過境遷，痛定思痛，必有沉吟反覆於吾書，而致戒於天下神器之不可為，國於天地之必有與立者。此則硜硜之愚，所欲與天下後世共白之者已。

故其書雖名「文學史」，而於當時論政、論學，一世所趨之新思想、新潮流，靡不因文而見。抑且所重者實在此不在彼。其書上編所列「古文學」，文、詩、詞、曲四類，作者達七十人。下編「新文學」三類，所列作者只十二人。而篇幅相差，尚不足二與一之比。若以上編章炳麟、陳三立、王國維三人為四版增訂識語所特別提出者，移以合之下編康、梁十二人之列，則雙方篇幅亦幾相埒。可徵本書宗旨，及其用力所在，雖以「文學史」名，而固不以狹義之文學為限斷。凡創高論，立新義，歆動一世，於政治、學術大起風波，號為一世宗師，而係億兆人之禍福者，此書誦說論撰，益詳益謹，而稱之曰「廣義的文學」。故曰：

文學者，述作之總稱。用以會通衆心，互納羣想，而表諸文章，兼發智情。

又曰：

吾人何為而治文學耶？曰：「智莫大於知來。」治史之大用，在博古通今，藏往知來。蓋運會所屆，人事將變。目前所食之果，非一一於古人證其因，即無以知前途之夷險。此史之所以為貴。民國肇造，國體更新，而文學亦言「革命」，與之俱新。尚有老成人，湛深古學，亦既如荼如火，盡羅吾國三、四千年變動不居之文學，以縮演諸民國之二十年間。而歐洲思潮，又適以時澎湃東漸。入主出奴，衆訟盈庭。一閧之市，莫衷其是。榷而為論，其蔽有二：一曰執古，一曰鶩外。歐化之東，淺識或自菲薄。衡政論學，必準諸歐。文學有作，勢亦從同。不知川谷異制，民生異俗，文學之作，根於民性；歐、亞別俗，寧可強同？然而茹古深者，又乖今宜，崇歸、方以不祧，鄙劇曲為下里；徒示不廣，無當大雅。

惟茹古乖今者，既不爲當世所重；而書中娓娓而道，纚纚以陳，使後人一讀此書，乃知在當時尚有如許妖孽，如火如荼；摧陷廓清之未盡，大聲撻伐之徒虛，乃賴此書使之終不湮滅，以待後人之重加評覈。此當已爲此書之大功。至於「鶩外」一途，此固本書作者食果證因之心情所屬。而別有其必欲一吐以爲快者，而又自知其違眾好、逆時趨，將不易覺鍼芥之所投；故乃一於「激射隱顯」中，旁敲而側擊，左映而右帶。或浩浩之長篇，或瑣瑣之小節，如巨石細沙，一滾而下。而又意存於此，語託於彼。不通讀全篇，不知篇中一節之所指。不兼讀他篇，不知此篇含意之所定。作者自欲以此一帙爲「現代人之懺悔錄」，然時人何嘗有此懺悔！則以此書爲現代文人之「燃犀錄」，庶乎爲允。而作者終是閃爍其辭，蔓衍其文，使讀者如入迷宮，摸索無門；然而每一作家之本末始終，表裏內外，則固已兼包而並舉，周匝而條貫。其時唱爲白話新文學之巨子，又創「中國無傳記文學」之新說。今本書具在，豈不已爲當代數十巨子，各作一傳栩栩如生？若以當時白話新文學巨子之眼光衡量，其固得列於傳記文學之數否，姑暫勿論。然作者則自謂其書乃取法乎馬遷史記及班、范兩書。而要之今日白話新文學家之所撰集，則尚無一書，堪與倫比，或可謂竟無此等書。網羅舊聞，整齊故事，供後人爲治當時文學作一參考，固捨此書莫屬也。

二

今本書四版增訂識語所列舉之諸巨公，乃及本書作者，已盡入古人之林。而吾儕今日所食之果，則固與本書作者當時所食，同此一果，特食之益酸而益苦。而所謂「前途夷險」，則益非本書作者當時之所逆料。此尤本書之用心，所値吾儕之同情與回味也。

本書四版增訂識語所歷舉之諸公，其中惟王國維一人，本書列之「古文學」中之「曲」部。而及其晚年，則世人一以考據學推之。本書敍述王氏早年論詞、論小説如紅樓夢等，又詳著其闡揚元劇篳路藍縷之功，而又別引其一長篇，其文曰：

自三代至於近世，道出於一而已。泰西通商以後，西學西政之書輸入中國，於是修身齊家治國平天下之道，乃出於二。光緒中葉，新説漸勝。逮辛亥之變，而中國之政治學術，幾全為新説所統一矣。而原西説之所以風靡一世者，以其國家之富強也。然自歐戰以後，歐洲諸強國情見勢絀，道德墮落，本業衰微，貨幣低降，物價騰涌，工資之爭鬭日烈，危險之思想日多。甚者如俄羅斯，赤地數萬里，餓死千萬人。生民以來，未有此酷。而中國此十餘年中，紀綱掃地，爭奪頻仍，財政窮蹙，國幾不國者，其源亦半出於此。尋求其故，蓋有二焉：西人以權利為天賦，以富強為國是，以競爭為當然，以進取為能事。是故挾其奇技淫巧以肆其豪強兼并，更無知止知足之心，寖成不奪不饜之勢。於是國與國相爭，上與下相爭，貧與富相爭。凡昔之所以致富強者，今適為其自斃之具，此皆由「貪」之一字誤之。此西説之害，根於心術者一也。中國立説，首貴「用中」，孔子稱「過猶不及」，孟子惡「舉一廢百」。西人之説，大率過而失中，執一而忘其餘者也。試言其尤著者：國以民為本，中外一也。先王知民之不能自治也，故立君以治之；君之不能獨治也，故設官以佐之。而又慮君與官吏之病民也，故立法以防制之。以此治民，是亦可矣。西人以是為不足，於是有「立憲」焉，有「共和」焉。然試問立憲、共和之國，其政治果出於多數國民之公意乎？抑出於少數黨人之意乎？民之不能自治，無中外一也。所異者，以黨魁代君主，且多一賄賂奔走之弊而已。孔子言「患不均」，大學言「平天下」，古之為政，未有不以均平為務者。然其道不外重農抑末，禁止兼并而已。井田之法，口分之制，皆屢試而不能行，或行而不能久。西人則以是為不足，於是有「社會主義」焉，有「共產主義」焉。然此均產之事，將使國人共均之乎？抑委託少數人使均之乎？均產以後，將令全國之人而管理之乎？抑委託少數人使代理之乎？由前之說，則萬萬無此理。由後之說，則不均之事，俄頃即見矣。俄人行之，伏尸千萬，赤地萬里，而卒不能不承認私產之制度。則曩之洶洶，又奚為也！抑西人處事，皆欲以科學之法馭之。夫科學之所能馭者，空間也，時間也，物質也，人類與動植物之軀體也。然其結構愈複雜，則科學之律令愈不確實。至於人心之靈，及人類所構成之社會國家，則有民族之特性，數千年之歷史，與其週圍之一切境遇，萬不能以科學之法治之。而西人往往見其一而忘其他，故其道方而不能圓，往而不知返。此西說之弊，根於方法者二也。至西洋近百年中，自然科學與歷史科學之進步，誠為深邃精密，然不過少數學問家用以研究物理，考證事實，琢磨心思，消遣歲月，斯可矣。而自然科學之應用，又不勝其弊。西人兼并之烈，與工資之爭，皆由科學為之羽翼。其無流弊如史地諸學者，亦猶富人之華服，大家之古玩，可以飾觀瞻，而不足以養口體。是以歐戰以後，彼土有識之士，乃轉而崇拜東方之學術。非徒研究之，又信奉之。數年以來，歐洲諸大學議設東方學講座者以數十計。德人之信奉孔子、老子說者，至各成一團體。蓋與民休息之術，莫尚於黃老；而長治久安之道，莫備於周孔。在我國為經驗之良方，在彼土尤為對症之新藥。是西人固已憬然於彼政學之流弊而思所變計矣。我惛不知，乃見他人之落阱而輙追逐其後。爭民施奪，處士橫議，以「共和」始者，必以「共產」終。

本書作者繼之曰：

垂涕而道，而世人則見以為迂遠而闊於事情。獨稱其考古之學為前無古人，後啟來者。

王氏以民國十六年四月，自沉頤和園之昆明湖。不幸而其言有不中，彼不見歐洲第二次世界大戰以迄於今日，其所謂「西人固已憬然於彼政學之流弊而思所變計」者，西方人實至今未能副其所想望。然其言又不幸而言中，謂「以共和始，必以共產終」。共黨踞大陸，國命不斷如絲，乃王氏於二十年前已有此不祥之預言。然當時中國學術界之於王氏，不矜誇其考據，則盛推其治元曲與紅樓夢，乃及人間詞話之類。能知有此文，又能注意而鄭重稱道及之者，復有幾人？即至今日，見王氏此文，能不以爲迂遠而闊於事情者，又有幾人？然而世變日亟，我國家民族之處境日困日迫，痛定思痛，途窮思變，莫謂秦無人。苟讀子泉此書，凡其所鈎稽稱引，王氏此文，特其一例。將見當時之中國，實不如吾儕今日之所想像。憂深慮遠，發爲違眾好、逆時趨之昌言正論，尚復多有。豈不足以長吾儕今日之志氣，而啟示吾儕以此下應循之途徑？此固本書作者之微意所在，深慮所寄，而又豈徒斷斷於爲「古文學」、「新文學」爭一日之短長乎？

三

余與子泉爲同族，早年納交，相從講論有日。張君曉峯欲余爲一文介紹，苟拒不應，雖無過墓可覬，亦將感於腹痛。又念人之云亡，而典型固在，猶足爲國人所矜式。爰重翻此書，粗述梗概，以誌追思。至其內容之詳，則讀者自求之，無俟余之覼縷也。

子泉有自傳一篇，詳其生平，羅其著述；文成於民國二十四年，時年四十九，下距其卒尚餘二十年。今明倫出版社重印子泉現代文學史，附刊其自傳。有意乎其人者，此文所必讀也。

（原載一九七一年十月臺北中華學術院編中國文化綜合研究書中）

談閩學

——壽語堂先生八十

一

中國疆域廣袤，歷史悠久，因此各地區人物之表現與貢獻，誠可謂多采多姿，各樣各式。專就廣東、福建兩地言，在唐以前，其在學術文化上有所表現與貢獻的人物，不僅是甚少，乃竟可說其爲絕無。

惟到唐代初期，廣東突然出了一位不識字的樵柴漢盧慧能，他成了佛教禪宗的第六祖。即使說他是中國禪宗正式成立的第一祖，亦無不可。自他以下，禪宗遍布全中國，五宗七葉，枝派繁興。直到五代，禪宗不僅掩脅了佛教全部，乃至成爲全中國社會人生之唯一指導。在中國思想史乃至文化史上，禪宗有其不可磨滅的甚大影響與成績，下迄兩宋而不衰。

在宋室南渡後，理學家中又出了一位在學術思想史上繼孔子集上古大成之後來集中古大成之朱子。其祖籍本屬安徽，但他生長老死在福建，朱子應亦可稱爲福建人。故兩宋理學，後人分爲濂、洛、關、閩四派，閩派即指朱子。自朱子以後八百年，治儒學者，必首及孔子，次及朱子，此亦爲一項不可否認之事實。

故在全部中國學術思想史、文化史上，自唐以來一千數百年，廣東有六祖，福建有朱子，幾乎掌其樞紐，匯爲主流；其影響力之大，其他各地區，皆莫與倫比。

二

晚清以來，直迄今茲，西學東漸，在中國學術思想史乃及文化史上，又引起了莫大變化。廣東、福建兩省，因其地處海濱，得風氣之先，人物蔚起，其有所表現與貢獻之人物，亦超然特出於其他各省之上。

其中最爲全國人所崇奉，當視爲此下中國新歷史之第一創始人物者，厥爲孫中山先生。孫先生籍隸廣東，幼年在香港受醫學教育，乃屬西方科學中之一門；但孫先生之所表現與貢獻者，乃不僅在政治，而實更在全部人文教化方面。他所指示，固是吸納了許多西方新潮流，但同時能會通之於中國歷史舊傳統。中西新舊，治於一鑪。雖其畢生精力，實已集中於其當時之革命事業與政治活動；但其意氣磅礴，聲光籠罩，則決不限於革命與政治之一端。其所揭示與號召，以及將來之發展，必當成為中國全部人文教化方面一大方針與大趨嚮。

與孫先生同時，在政治運動上，分庭抗禮，成爲對立之兩派者，亦爲廣東人康有爲。孫先生爲「革命派」，康有爲爲「變法維新派」。康有爲初受學於其同鄉朱九江之門，粗聞宋、明理學端緒。繼又轉從四川廖季平說，主張公羊春秋，提倡兩漢經學中之今文學，以上接乾、嘉以來考據學之餘波，而實陷溺於其末流中而不能出。跡康有爲之生平，實際上乃是一舊式學人，而以舊學唱新說，如據公羊唱變法，據禮運言大同，皆是。故孫先生乃從吸收西方新潮流中轉歸到中國舊傳統，康有爲則是從中國舊傳統之培植中轉向於西方新潮流。在此一點上，兩人也恰成一對比。

康有爲自清末主持戊戌變法失敗，下至民初參預宣統復辟失敗，其政治生涯遂告終結。但康有爲自復辟運動失敗後，避居北京東交民巷美國公使館，重新翻印其清末舊著新學僞經考，其學術生命，乃方如日中天，光芒四射。此下疑古辨僞之風，甚囂日盛，乃都由康氏孔子改制考、新學僞經考兩書所激盪而引起。康氏本以舊學唱新說，乃此下竟變成了以新說破舊學。此恐亦非康氏始料所及。然其在學術上貽禍之大，則遠過於其在政治上所貽之禍之上。

康有爲弟子梁啟超。在清末民初，人人知有孫、黃與康、梁，只黃克強是湖南人，康、梁與中山先生則全是廣東人。但當時一般觀念，都認孫、黃乃政治人物，而康、梁則是學術人物。尤其是梁任公創爲新民叢報，提倡中國之「新民」，其說風靡全國。其在人文教化方面之影響，乃遠超其師康氏。惟梁氏亦是以舊學唱新說，實非於新學有深研。此下由康、梁流變而爲民初之「新文化運動」，轉爲以新說破舊學；而梁氏依違其間，其堅持固執之力不強，自謂「不惜以今日之我來推翻舊日之我」。而風氣日變益進，梁氏亦爲之怵目驚心。在其晚年清華講學時，又想以提倡新說轉歸爲發揚舊學。惜其年壽不長，齎志以沒，實無補於當時。

三

以上簡單述說了清末民初具有學術思想上重要性的幾位廣東學人。此下當略述福建方面的，最先提及辜鴻銘。他原籍福建，卻生在馬來亞的檳榔嶼。他幼年所受中國教育，應極有限。他遊學西歐，在德國獲博士學位，又轉讀於英國之牛津。他精通英、德各國文字，又博覽羣籍，更是有關西方文哲方面者，乃極爲西方學人所重視。但他回國後卻轉而崇揚中國自己方面的一套。在當時，以深治西學來發揮中學的，辜鴻銘不得不說是唯一人物，也可說是一傑出人物。但在當時中國人一般觀念下，辜鴻銘終成爲一怪人。雖亦不得不承認他是一傑出人，但辜鴻銘終是一怪傑。

我在幼年時，曾讀過他的春秋大義。他不把傳統宋學、漢學那一套來講孔子春秋，他實是本他西學所得的一套來講孔子春秋。那不能不説是異軍特起，獨樹一幟。在當時我對西學既一竅不通，對中學也一知半解。但在舉國崇洋蔑己的風氣之下，驟讀辜著，儼如觸電般，感受到一種新鮮而異樣的刺戟，使我此後常心儀其人。我之獲讀孫先生三民主義，尚在讀辜氏春秋大義之後。孫先生融會中西新舊的説法，自易引起我之同情了。

最近程君光裕告訴我，抗戰初期，浙江大學遷去貴州遵義，還在浙江龍泉辦了一分校。主任是鄭曉滄，教務長是孟憲承。鄭曉滄教四書，卻把英文翻譯本教學生讀。孟憲承教英文，所選教材乃是當時清華教授陳福田編的大學一年級英文教本，今由此間商務印書館重印發行。程光裕是當時的學生。鄭、孟兩位我都熟。鄭曉滄譯小婦人，全國傳誦。而孟憲承留學美國回來，去清華教中文，立志圈點全部十三經注疏。在他去清華前，我在無錫中學教書，他親從上海來無錫，和我見面，長談了一兩個小時。

程光裕説：孟憲承在浙大龍泉分校所授英文，有一課題名「一哲學家」，乃英國文學家毛姆一篇訪問記。孟憲承告訴學生，那哲學家便是指的辜鴻銘。那時的辜鴻銘，應在北京大學教書，但正值新文化運動時期，他已是一可有可無、若存若亡的人了。毛姆由友人約見遭拒，後乃專函請謁，始獲晤面。辜告毛：「我們中國，早有一段長時期燦爛的歷史文化；在那時，你們西方，則尚在洞居茹毛時代。我們中國人，知要運用甚深智慧，纔能來求統治人類大羣；你們卻認爲即憑法律與秩序便够。今天你們憑著快槍大砲，能殺人，我們無法抵抗，你們因此輕視看不起我們；但你們那一套並不難學，待我們和你們同樣有了快槍大砲，你們的優越感，在那時，便會受考驗。」

我聽程光裕告訴我這番話，眞是恍如隔世。回憶在大陸時，留學英、美有成就，歸國後愛好中國舊學的，我所結識，人數尚多，不止鄭、孟兩位。但分散寥落，扭不轉當時提倡新文化「打倒孔家店」、「全盤西化」、「線裝書扔毛厠」那一個大風暴。此刻大陸赤化，豈不還是一種「全盤西化」？「批孔揚秦」，豈不還是要打倒孔家店，把線裝書扔毛厠？而如鄭、孟兩位般學通中西，不走偏鋒的，今在臺、港各地，也已是愈來愈少了。

我因又想起，這一百年來的中國人，確也眞不如西方人。辜鴻銘在中國已成一吐棄人物，但西方一大文學家如毛姆竟肯專誠訪問，又把辜的那些怪話專文傳述，未遭如我們般對他的菲薄，那就實在也可怪了。

待我逃離大陸，初到香港，又輾轉讀得了辜鴻銘的中庸英譯本。至今印象已模糊，只記得他不是依章依句譯，只是撮述大義，自抒己見。惜乎此書是借來看的，現在也無法再找了。我之所能述於辜鴻銘者僅止此。

四

繼續要說到嚴又陵，他也是福建人。他自幼進了海軍學校，又派赴英國深造。他和日本伊藤博文同學，伊藤博文自歎不如。嚴又陵在其海軍專業外，又深通英、法兩國當時學術思想之大要。但想來那時他對中國舊學修養是不够的。他歸國後，對中國舊學又從頭努力，把追踪先秦諸子的文筆來一一譯出他在海外所留意的幾部書。如英國赫胥黎的天演論、法國孟德斯鳩的法意、英國亞當司密斯的原富、斯賓塞的羣學肄言、穆勒的名學。那些書，牽涉到各方面，而在當時歐洲思想界，各有其不可輕估的影響力。我在幼年時，也曾一字不遺地逐部細讀，使我約略知得西方學問之一鱗片爪，此皆嚴氏之功。當然也不止我一人。使當時中國人略知西學，嚴氏的貢獻，幾可說無與倫比。

由於嚴又陵，連帶想及林琴南，兩人同籍福建之侯官。林琴南治桐城派古文，由歸、方上研史記。他不通英文，以偶然機緣自說是用史記筆法來翻譯西方小說。不脛而走，絡續譯出了一百種以上。我對林譯小說，雖不曾每部必讀，但至少也讀了它十分之六。我之對於西方文學，稍知皮毛，則皆由林氏。康、梁對中學有基礎，但對西學，所涉甚淺，只不勝其嚮往追慕之情。但我讀康、梁書，對西學毫不知入門，而對中學則多滋誤解。我讀康氏書，如孔子改制考、新學僞經考等，初讀幸能即知其不是。但讀梁氏書，如中國六大政治家，尤其是王荆公一書，初讀極所愛重；嗣後讀書日多，乃知其亦無往而非偏見。我不知經歷了多少年，繞了一大圈，纔能跳出他範圍。大概和我同時一般人，多讀康、梁書，實際上，多不能於西學有入門，卻多對中學增誤解。直到康有爲十一國遊記、梁啟超歐遊心影錄以後，他們親履西土，見解轉變，但已無補。康、梁最稱爲清末民初之開風氣人物，但他們所開風氣，只是破舊，實非開新。他們似乎一開始便對政治太感興趣，而且也太心急。康有爲主張大變、全變、速變。康、梁在清末時代學術思想方面，實應歸屬於革命派。至於嚴、林兩位，對政治興趣，都不如康、梁積極。在學術思想方面，也沒有康、梁般的激昂的革命情緒。因此對學術工作，乃能埋頭苦幹。他們兩人之譯事，其實乃是眞開風氣，於西學有介紹，於中學無破壞。嚴又陵晚年，對於中西學之評騭，其意見似有大轉變，觀其與熊純如諸信札可見。

民初新文化運動，則只是走了康、梁路線，致力在破壞中學，並不致力在介紹西學，所以對譯事不甚提倡。他們只說整理國故，卻不注重傳播新知。主持新文化運動的幾位大師們，都看不起翻譯。極少由他們親手來翻譯幾部西方有分量的書。卻對嚴、林譯事，恣其攻擊。似乎要通西學，惟有到外國去留學，直接通外國文，讀外國書，聽外國人指導。一經中國人手，便無價値。但我常想，我讀中國書，有分量的，那裏是每一部書全能通曉，全無失誤。嚴、林所譯縱有差失，但我讀了，總還知得一大概。我此下亦曾讀了不少新文化運動以後的翻譯書，但興趣總不如讀嚴、林所譯書之濃。追求那些譯者在學問上之其他表現，似乎亦多比不上嚴、林二人。而且能出國留學又是學人文思想方面的，最多亦只能占全國識字讀書人中千萬分之一；非經譯事，如何向國人提倡西學？佛教來中國，魏晉南北朝以迄隋唐，通梵文，直接去印度留學的，能有幾人？一輩高僧，深研佛學，皆憑翻譯。若論新文化運動以後之翻譯工作，怕最多卻在馬克思共產主義一面。那時在上海租界一亭子間裏從事苦譯出書的眞不少。今天的大陸赤化，此輩也不爲無功。

在新文化運動時期，龔定菴「但開風氣不爲師」一語，極爲流行。當時所要開的風氣則在西化。但他們心中的大師，則終在西方，不在中國。那時中國人所能做的，好像只在且先破壞自己這一套，不在傳進西方那一套。儻使在南北朝時期，一輩高僧們，如釋道安、釋慧遠、竺道生之流，不盡力來宏揚佛法，卻只來作打倒孔子、廢止漢字的運動，只指導有志信佛的且往印度讀梵文經去，恐怕中國歷史上，也永遠不會有佛法。所以我認爲淸末民初，實際上，廣東學人如康、梁也早已在作新文化運動，早已在做西化運動；而福建學人如嚴又陵、林琴南，努力譯事，終爲不可菲薄，終是功多罪少。讓我們多知道一些西方的，總比要我們多破壞一些中國的好一些。

五

說到此，乃不免要連帶述及吾友林語堂先生。他亦是福建人，他籍貫在閩南，與辜鴻銘爲近。他早年知名，也似乎他的英文學養更超過其中文學養之上。他留學美國與德國，於西方文化乃是一親炙者。但他中年以後，重去美國，久滯不返，他卻把英文來介紹中國。或是著作，或是翻譯，而以此蜚聲國外。他並不像康、梁，但也不像嚴又陵，卻有些像辜鴻銘與林琴南。尤其是林琴南以文學家身分翻譯西方文學到中國來，林語堂則也以文學家身分翻譯中國文學到西方去。今天西方人知道中國有一林語堂，卻多過了往年西方人知道中國有一辜鴻銘。

今年是語堂先生八十大慶，一輩相知，都要爲他撰文祝壽。我是一個不通英文的人，上面所述說，自孫中山先生以下諸人之書，我多曾讀過；卻只有語堂先生蜚聲國外的書，我卻不能讀。我所以述說上面幾個人，因我自稍知讀書以來，受他們影響太大了。語堂先生較之上述諸人，應屬後輩。他和我同年，我和他相識已在抗戰時期，正式締交爲友，這已是我們七十以後的事。我因要爲他祝壽撰文，因而連帶想起清末民初一輩福建學人，而連帶想及同時一輩廣東學人。那只是我一人之隨時感想。幸而我自己既不是廣東人，也不是福建人，我沒有在此文內提及其他各地區同時同樣有名望有貢獻的人物，想也不至爲其他地區人責怪。至於廣東、福建人何以在此時期恰有此看來顯屬不同之兩種表現，其間或深或淺，應有許多可加說明的；恕我此文，不及詳說了。

（一九七四年十月十四日聯合報副刊）

憶湯錫予先生

一

當前世界人類種種災禍，正本清源，一切應歸極於人類思想問題上。就歷史演變言，全世界人類思想大體可別爲三型：一中國，一印度，一歐洲。孔子、釋迦、耶穌爲其代表人物。穆罕默德創始回教，應與耶穌同歸納於歐洲型，不再細作分別。

中國自東漢時期，佛教即傳來。唐代時，回教亦即在中國流行。釋、回兩教，得在中國傳統下平安相處，發芽生長，至今不絕，此爲中國社會、中國文化傳統所特有，其他民族甚少其例。

二

吾友湯錫予，少年報考入北京清華學校留美預備班。其時校中缺一國文課教師，即命錫予以學生身份充任，其時錫予之國學基礎已可想見。及留學美國，進入哈佛大學哲學系，獲博士學位，則其對西方哲學之研尋亦有成績。歸國後在南京中央大學哲學系任教，又好學不倦，屢去支那內學院從歐陽竟無聽受佛學，則其於中、印、歐三方思想之同有造詣，亦可知。

其後遂轉應北京大學聘。余是年亦轉任教北大。某日，錫予來余寓，適余外出未相値。翌日，錫予母來告吾母：錫予少交遊，長日杜門枯寂。頃聞其昨來訪錢君，儻錢君肯賜交，誠湯家一家之幸。翌日，余亟趨訪，一面如故交。錫予告余，在北大任教主要爲東漢魏晉南北朝「中國佛教史」一課。此課在中大已任教有年，並撰有講義，心感不滿，須從頭撰寫。余心大傾佩。余授課有年，所撰講義有不滿，應可隨不滿處改寫，何必盡棄舊稿，從頭新撰。因知錫予爲學，必重全體系、全組織，絲毫不苟，乃有此想。與余輩爲學之僅如盲人摸象者有不同。然錫予與余乃絕少談及其治佛學之經過，及最近重新撰寫講義之一切。

隨錫予來北京後，又來蒙文通、熊十力兩人，皆與錫予同在支那內學院聽歐陽竟無佛學者。時十力對歐陽竟無唯識新論有意見，撰文駁斥。四人相聚，文通必於此與十力啟爭端，喋喋辯不休。自佛學又牽涉到宋明理學。遇兩人發揮已意盡，余或偶加一二調和語，錫予每沉默不發一言。有時又常與梁漱溟相聚，十力、漱溟或談及政事，余亦時參加意見，獨錫予則沉默依然。其時北平學術界有兩大爭議：一爲胡適之諸人提倡新文化運動，主西化，曰「賽先生」、「德先生」（即科學、民主）；又主「哲學關門」，亦排斥宗教。一則爲時局國事，北京阢隉在前線，和戰安危，衆議紛紜。獨錫予於此兩爭議一無陳說。

但錫予亦決非一佛門信徒，處身世外者。錫予有老母、有長兄，其妻室、其子女余皆熟稔。錫予之奉長慈幼，家庭雍睦，飲食起居，進退作息，固儼然一純儒之典型，絕不有少許留學生西方氣味。而其任職處事，交遊應世，又何嘗有少許佛門信徒之形態。然則錫予之爲學似一事，其爲人則又似一事；而在錫予，則融凝如一，既不露少許時髦之學者風度，亦不留絲毫守舊之士大夫積習。與時而化，而獨立不倚。「極高明而道中庸」，錫予庶有之矣。

故錫予既不可謂是一佛學家，亦不可謂是一西方哲學家。既非擅交際能應世，亦非傲岸驕世，或玩世不恭。錫予之畢生好學，劬勞不息之精神，則盡在其爲人處世之日常生活中表現。徒讀其書，恐將終不得其爲人。徒接其人，亦將終不得其爲學。錫予之爲學與爲人，則已一而化矣。余與錫予交，不可謂不久，不可謂不親，惟所能言者，僅如此。

孟子曰：「柳下惠聖之和」，錫予殆其人乎！居今世，而一涉及學問，一涉及思想，則不能與人無爭，而錫予則不喜爭。絕不可謂錫予無學問，亦絕不可謂錫予無思想，而錫予獨能與人無所爭。但錫予亦絕非鄉愿。中庸言：「苟非至德，至道不凝焉。」人性有異，而德不同。伊尹之任，伯夷之清，皆易見，亦易有爭。錫予和氣一團，讀其書不易知其人，交其人亦絕難知其學，斯誠柳下之流矣。

今再擴而論之，世界人類三大型之思想，亦盡由於民族性之相異。而民族性相異，則根據其區域之天時地理積久醖釀而來。亦可謂歐洲型近於伊尹之任，印度型則近於伯夷之清，而中國型則近於柳下惠之和。故歐洲型一主於進，印度型一主於退，而中國型則主執兩用中。即中國高僧，亦多爲慈悲救世而出家，不爲逃避生、老、病、死之四大苦痛而出家。而其救苦救難，亦似偏少耶穌之十字架精神。唯謂中國人乃無視於一世之苦難，則大不然。則錫予之爲人爲學，與世無爭，而終不失爲一性情中人，亦正見其爲一有意於致中和之中國學人矣。

三

余與錫予交，其時已成先秦諸子繫年，方爲近三百年學術史。錫予告余：「君好藏竹書紀年，古今異本幾盡搜羅，予竊慕之。顧藏高僧傳，遇異本必購取。」其日常隨身亦必携一本高僧傳，累年如是。則佛、法、僧三寶，錫予所慕，最在「僧」之一寶；即此一端可以想見其爲人爲學之大要矣。

「人能弘道，非道弘人」，當由僧侶來宏揚佛法，非可以佛法來宏揚僧侶。錫予之爲人爲學，則非欲以僧侶來宏揚佛法者，實乃以中國人來宏揚中國傳統之道。此則讀錫予書者不可不知也。

余之近三百年學術史成稿，草爲一序，曾論及南北朝之南北爲學相異。錫予告余：「君此一意，對予編寫佛教講義啟益良多。」則知錫予爲學無門戶、無界域，和通會合、不自封閉之精神所在矣。而如余以一不通西方哲學、不通佛學，僅僅稍窺中國幾本古典籍，亦得與錫予爲密友，豈不可從此想像其爲人爲學之大要乎？

及錫予書成，已抗戰軍興。余屢勸錫予爲隋唐天台、禪、華嚴三宗續有撰述。錫予謂心力已瘁，亟求休息，無他奢願矣。及余國史大綱成書，詢錫予以此下爲學當先。錫予告余：「君於古今典籍四部綱要窺涉略備，此下可開始讀英文書，或窮研佛典，求新接觸，庶易得新啟悟。」錫予之意，非欲余改途易轍。「日知其所無」，乃能「月無忘其所能」。錫予之治佛書，正多從中國典籍至西方哲學中悟入，而豈如近代專家之學即就佛書爲佛學之所能同類並視乎？

是年余與錫予同離昆明赴上海，又隨余同赴蘇州。沿街英文書滿目皆是，錫予爲余選購三書，囑先試誦。余語錫予，街頭英文書堆積如山，何竟爲余僅選此三書？錫予言，君北平所藏五萬冊書，今皆何在？試先讀此三書入門，何早安排，爲此奢圖？余之開始讀英文書始此。然一年後，即轉赴成都，誦讀英文書工夫，遞減即止。而於佛書，亦少精研。余之孤陋一如往昔。回念錫予此一番語，豈勝惘然！而余與錫予，自蘇州別後，亦僅得兩面，亦不稔錫予此後爲人爲學之詳矣。

余與錫予交最久，亦最密。自初相識，迄於最後之別，凡追憶所及，均詳余之師友雜憶中。此書最近方付印，不日出版，均不在此贅及。今聞北京有錫予紀念論文集之編印，欲余爲一文。回念前塵，一一如在目前，亦一一如散入滄海浮雲中。人生如是，豈爲道爲學亦復如是？不得起錫予於地下而暢論之。不知讀錫予書、紀念於錫予之爲人爲學者，意想復何如？臨筆愴然，豈勝欲言！

錢穆，時年八十有八。

（一九八三年七月北京中國哲學史研究總第十二期，又收載北京大學出版社燕園論學集，原題爲憶錫予。）

旁觀者言

一　引端

丁（文江）、張（君勱）兩先生的辯論，一時引起許多人的參加，算是熱鬧極了。我也久想下一些批評，可是懶於動筆。今天夾著十多個喧雜的旅客，坐著條搖兀的小船，要經歷六、七小時的路程，眞是沉悶極了。我想就趁此機會，胡亂寫一些我的見解。固然文字難免草率，但是裏面的話，也懷蓄得久了，不是隨時胡拉。至於下面引到丁、張幾位的話，原文語句均已忘卻，不過約略記其大意。

二　科學家的人生觀

張先生說：「科學是給人類利用的，不是用人類的東西。但人類既然要用到科學，當然不得不俯就科學的尺度。譬如你要坐船，便不得不適應船上的生活。」張先生又說：「各人有各人的人生觀，彼此無從統一。」在張先生的語氣裏自然容許有「科學家」一派的人生觀在內。我的意思很多，現在便從科學家的人生觀一面逐次引申說下。

甲、尊重事實　科學家最重要的精神，是承認事實而尊重事實；他們應用到他們的人生觀上，自然應該是一種尊重事實的人生觀。大凡神秘的、感情的、倫理的各派人的人生觀都帶有幾分輕視事實和超脫事實的傾向。兩方的異點，比較起來，一方是客觀的、平等的看視外物，而一方則爲含有主觀的、好惡的對於外物夾雜了價值高下的評判。考慮到人類起源的問題，人們爲好惡的私心所驅逼，都願意曉得人類是天生的、神造的，從此好把人類的價值高出於一切動植生物之上。但是科學家把許多事實列舉出來，告訴我們說，人類和下等生物本來是同祖的、一原的。他們沒有顧憐到人類的地位要從此降低。人類都喜歡想，人是地球上的主人翁，地球是居天體之中心，從此人類的地位，像是宇宙中的至高無比的一般。但是科學家列舉事實，證明人類在宇宙中的渺小，而譏切人類自己的誇大。所以我想正當的科學家的人生觀，第一條件便應該是「尊重事實」。

乙、平等觀　因爲科學家把尊重事實的精神來觀察外物，故覺得外物畢竟平等。一個大聖大賢的心理，和一個瘋狂病人的心理，在尋常人看來，一個是可愛好的，一個是可憎惡的；一個是應該尊敬的，一個是應該鄙棄的；顯然有鴻溝之界劃。但是在科學家的眼光裏，兩種心理，同爲現世人類的事實，同有重大的關係值得研究和探討，並沒有善惡、是非、高低的區分。一根地上的小草，一隻顯微鏡底下的小生物，一個幾萬萬里的星球，一件人類忽略不經意的、平淡的自然變化，到科學家眼裏，和驚天動地蕩精搖魄的人間事實招到同等的注意了。蘋果墜地，這在普通人看來有什麼善惡、是非、值得注意的價值呢？所以我想科學家的人生觀，確有與衆不同的第二條件，便是對於事實之「平等觀」。

丙、條理密察　科學家對於事實的平等觀，並不是漫無分別。他的能事，是在把各種事實詳細探求出他的前因後果相互的關係來。神秘派的、感情派的、倫理派的人們，對於外界事實，往往有一種直率的口吻，說這是自然有的，或是說這是不應該有的。但是在科學家的口裏，他們決不如此說。事實的出現，定有他出現的原因，不能說他自然有。既有他出現的原因，便也不應說他不應該有。科學家只叫人知道在如何條件之下，某事實便會有；在如何條件之下，某事實便會無。這種態度，應用在人生觀上，當正可有絕大之影響。譬如論到家庭問題，說他是天然的罷，便懶了人們改革的心願。現在曉得家庭的組織，並不是天生便如此了，並不是理所當然了，鼓動起人們改革的希望和勇氣。但是家庭之間充滿了厭惡、咒咀和衝突，兒子覺得父親是可厭惡的，丈夫覺得妻室是可咒咀的，人們的集合便是罪惡苦痛，感情之流露便是衝突，這不是現在中國家庭新舊交代的現狀嗎？一般人怪他是物質生活之流弊，是科學教育之傳毒，我想科學那肯承受呢？科學家對於這種問題，一定能根據事實，描出他的來因去果，求一個圓滿解決的方法。只因他因果的觀念深了，所以不看得事實的善惡，（都是條件下的產兒。）不見得吾心之好惡，（都要在條件下去解決。）低著頭承認他，平著氣含容他，細著心查察他，按著步驟去改變他，這是科學家應該的。我所以說科學家人生觀的第三條件，應該是「條理密察」。

爲免冗長起見，論科學家的人生觀暫止於上舉之三條。

三　科學家與內心精神之生活

張先生是往重內心精神之生活的。丁先生說只有在研究科學之狀態底下有精神的生活。林先生反駁說，離了顯微鏡又如何呢？我想說只有在研究科學時見精神，顯見是太狹隘了。但是科學家斷不要害怕自己給人家逐出精神生活的圈外去，誰也不肯信科學家的生活是沒有內心精神之生活。張先生是要提倡宋、明理學來力挽頹風的。我想爲我理想中之科學家辯護，根據上列三層爲科學家下幾條總目的褒頌是：

甲、襟宇闊大。
乙、心氣和平。
丙、思理細密。

這都是宋、明理學家思想中之人格評語。至少科學家中有幾個是擔當得下的。

四　丁先生的態度

我想繼此批評丁先生的態度，因爲丁先生自居於擁護科學而出與張先生辯難。他說：「『玄學鬼』在西洋混了好幾百年，現在沒飯吃了，混到中國來。張君勱給玄學鬼怪上了，我們應該打破他，不然，科學前途就受障礙了。」

這番話實在很風趣。他又說，他的話過高深，恐讀者不明了，所以把風趣的話來引起看客的興趣。但是看客們的興趣引起了，疑問也隨之而起了。他說玄學是鬼怪，科學儼然是神仙，很可惜這是價值之評判而不是事實之敍說。這且不管。

甲、「玄學鬼」在西洋到底有沒有一碗飯吃啊？

乙、西洋的科學家用什麼方法打逃這個「玄學鬼」的？（我想第二條更要緊。倘使第一條是事實，我們只要把西洋人的老法術來參考應用，不愁中國的玄學鬼打不逃。）

丙、西洋的「玄學鬼」，是不是給科學家罵他們是鬼怪，所以沒有飯吃逃掉的呢？否則何以丁先生站在科學的地位，而用神秘派、感情派的口吻？

五　神仙的法寶——拿證據來

「拿證據來」，丁先生說是科學家的法寶。可是法寶雖靈，依我看來，至多把來做一個護身符，不給「玄學鬼」迷上。若要收「玄學鬼」，恐怕還非這件法寶的能事。丁先生有意要替科學前途打倒「玄學鬼」，最妙的方法不在乎說「玄學鬼」不應該存在，而在乎細細研究出「玄學鬼」怎樣出現的道理來。譬如心理學家斷不應說你不應該發狂，他只應該研究人家發狂之原由，而想一個方法來破除。丁先生說科學可以把人生觀統一，但是丁先生自己先不肯低首下心的承認事實，平心靜氣的把事實研究，而想一個合理的解決方法來，（這不是說丁先生的地質學，是說他的「打玄鬼學」。）我認爲對於科學家應有之態度已經缺憾了。

六　科學與國家主義

張先生反對科學，說近世國家主義也是科學之流弊所致，所以要提出形上的內心生活來補偏救弊。詳細待我慢慢下批評。我現在要說的，科學並非與「世界主義」立於恰相反對的地位。人類眞心要走向「世界主義」上去，我雖不說完全要靠科學，科學到底也可以效萬一之微勞。羅素可以說是受過科學薰染的一個人，他對於這次歐洲大戰爭所下的觀察批評和以後人類應該走的路的提供，也不好說他一些沒有科學的頭腦。即使說他充滿著科學的精神，也不十分過分。安見得科學與「世界主義」的相違反呢？但是羅素的書中盡力提倡解放人類各種的正當衝動而使之自由，對於宗教、文學、美術等等均有相當之意見，卻不似丁先生似的把「科學」兩字抹殺其他一切。不曉丁、張兩位先生對他感想如何？

七　暫告結束

我的旅程完了，在這旅程中間，那能一心一意的做文字？其他還有好多的話，我只好有相當機會再說。

（民國十二年上海時事新報學燈）

復張君勱論儒家哲學復興方案書

君勱先生道席：蒙賜長翰，籀誦再四。深識鴻議，曷勝佩仰。尤幸鄙陋向所持論，乃與尊旨十符其九。既獲高賢之印證，益增淺衷之自信。惟有一端，耿耿於懷。竊謂學風之敝，由來已久。人輕實學，而矜驕虛。欲挽頹波，殆非易事。鄙陋所守，乃期於寂寞淡泊之中，闇學潛修，苟有一得，不患來者之不知。縱令舉世掉頭，亦將求嚶鳴於隔代，期賞音於來葉。天地閉則賢人隱，遯世无悶，獨立不懼。區區微尚，竊慕於此。豈不欲出其所有以易一世，無論內顧空虛。抑今日之局，誠曠古未有之大變，誠使尼丘復起，正不乏大聲疾呼，持梃奮擊之徒。各尙意氣，各樹門戶，而豈口舌之可爭！與影競走，不如退藏而匿迹。自問數十年來，薄有撰述，雖多感觸於當生，終特馳騁於往古。平章學術，辨別是非，終不臧否及於時賢。雖畢生厠身黌舍，亦從未收召門徒，自榜旗幟。苟遇有志，亦僅勉以埋頭闇修而已。此非胸無涇渭，亦非情存畏怯，良以姿性近狷，結朋徒、立黨類、廣聲氣、攬權寵，心之所恥，惟恐類之。斯固於道未宏，抑私衷亦欲以此易世趨。區區之情，當爲大君子之所諒也。客冬徐君復觀來函，知先生與唐、牟、徐諸君，方欲草擬中國文化宣言，邀以署名，當即復函婉謝。自念吾儕各有著作言論，流布人間。臭味相近，識者豈所不知？而爭風氣、持門戶者，正將因此張其旗鼓，修其壁壘。夜行疑鬼，則互相呼嘯以自壯。方將拯之，轉以溺之，於彼於此，兩無補益，故不欲多此一追隨耳。頃荷來示，屬望殷勤，愧不敢任。而謂儒學復興，有待於多方面之分途並進。竊不自揆，庶幾於此分途之中，自效駑劣，不憚十駕，或堪有所到。是亦所以仰報大君子之深情雅意於萬一也。率述鄙懷，惟加諒宥，並望進而教之爲幸。專此順頌

道安。不備。

一九五八年五月三十日錢穆拜啟

（一九五八年七月香港再生雜誌一卷二十二期，題答張君勱先生論儒家哲學復興方案函，今據作者原稿改爲本題。）

關於中西文學對比

——敬答梁實秋先生

一

在思想與時代月刊第十二期，刊我中國民族之文字與文學①的下半篇，論及中西文學對比。頃見中央周刊五卷十三、十四兩期，有梁實秋先生略論中西文學之比較一文，專對鄙文有所質難。梁先生文中屢屢說及我之「大膽」，其實我自知只是一個謹慎小心人，說不上大膽。但我平素卻實在喜歡大膽、贊成大膽、仰佩大膽的。常思筆在我手，舌在我口，害怕些甚麼？顧忌些甚麼？循循娖娖，效婦人女子態，學爲鄉愿，閹然媚世；何不自傾吐，何不自抒寫，何不自闢戶牖伸首天外？衆口一辭，無

① 編者按：此文已收入中國文學論叢中。

刺無非，蟣虱處人褌中，豈不可憐？猶憶少年時偶然聽到陳同甫「推倒一世豪傑，開拓萬古心胸」的話，便覺此話有味動人。稍後，智識漸開，始知孟子所謂：「我知言，我善養吾浩然之氣，其氣至大至剛，以直，養而無害，則塞於天地之間。」又是另一番胸襟、另一種氣魄、另一個境界。我自問不能及陳同甫，何敢妄覬孟子！然而孟子、陳同甫的話，在一般人看來，自然是屬於大膽的。我又憶少時看三國演義，趙子龍渾身都是膽，姜伯約膽大如斗；看到此等處便喜歡，便傾倒佩服。現在梁先生屢說我膽大，若是說我文字的氣魄風度，譬之三國人物，近似趙常山、姜天水一流，我豈不歡喜慚愧！然而讀者至此，一定不禁要竊笑我的愚戇。因爲梁先生文中說我「大膽」，似乎並不是此種的大膽。梁先生似乎在笑我儘說外行話，責備我不肯睜開眼睛，卻一味閉眼瞎說。梁先生是當代文學名流，「溫柔敦厚，詩教也」，梁先生正爲深受詩教，因此蘊藉其辭，婉委其說，屢屢的說我大膽。梁先生自然不在勸我作學術界中之鄉愿，只在警戒我少說外行話，睜睜眼睛，莫儘閉眼瞎說。說到這裏，我豈不自知我對中西文學全是外行，凡所云云，全如閉眼瞎說。此事毋容掩蓋，亦不可掩蓋。我豈不知今日學術昌明，大家多該專精一業，各就自己一門裏說自己的內行話。如我愚拙，學無所長，則不妨不開口。若不就本業，儘說外行話，自居「海派」之流，豈不爲人齒冷，這層我亦懂得。詩人有曰：「知我者，謂我心憂；不知我者，謂我何求。」我偏偏明知故犯，閉眼儘說外行話，我實自有心憂。然而由此說去，便眞要犯大膽之罪，我不得不在此按下不說。但我想邦人君子，無論識與不識，肯關懷到我的文字，如梁先生其人者，當不在少數；在我心中都是十分感激。我實應該借此把我可說的話約略說幾句，敬對關懷我文字之諸君子藉作一番請教。

二

我一開始便是一個學術界的門外漢，本說不上講學問，實在是全無所知；而一番向學之誠，則自問數十年如一日。因爲始終徘徊在學術界的大門之外，因此始終對大門裏的學術界感到無限的嚮慕與熱忱。一切學問，在我全屬不知，因此全屬新奇，全覺愛好，一樣的要東張西控，望門投止。少年時積習已深，排除爲難。我非不知專家門面之可貴，但我早已養成此種心習，常喜歡多方面的聽，多方面的看，遂不知不覺向多方面去想。胸中想得高興，便不禁出之口舌，形之筆墨。我亦自知此等全屬外行瞎說，但在我胸中則終算經過了一番思索，卻並不是隨便說之也。

我早在多年前，常常聽別人說黑格爾。我並不懂哲學，更不懂西洋哲學，亦不能眞切研究。只聽人家說到，便禁不住自己亦想去看。我曾看過黑格爾的歷史哲學，自然是一册中文的譯本，但我看不幾頁，卻使我大吃一驚，他老人家把世界文化自東向西的排列成行，中國不幸站在最東邊，便爲此翁隨意糟蹋一番。由此漸漸向西，說到德國，便成至高無上。在我外行人眞是聞所未聞，見所未見。我想黑氏誠是如我少年時代所想慕的陳同甫一樣，够得上「推倒一世豪傑，開拓萬古心胸」了。但恕我大膽，我禁不住要向凡關懷到我文字的邦人君子面前說一句直率話。我不知如何自己常想，我所懂得的西方，似乎並不比黑氏所懂得的東方更差些。

正因我傾慕黑格爾，卻使我膽子漸大，有時亦要說到西方人與西方事。在我的實情，嚴格說來，不僅不懂得西方，實在也不懂得東方。但我愛聽人談論，我亦留心看別人底文字。恕我大膽，我有時也禁不住要想，我所見所聞邦人君子，談論中國、談論東方，有時也竟如黑翁般，似乎是站在西邊說東邊。有時則或許竟像我一樣，站在門外說門內。我畢竟自己以謂是一個小心人，我常禁不住感得同時別人似乎多比我膽大。正因爲我喜歡贊成仰佩膽大的，因此上又時時鼓起我的勇氣來。然而正因此故，遂使我不知不覺儘自閉眼說外行話。

而且我還有時如此想，睜眼人亦未必眞有見。「心不在焉，視而不見」，此事盡人皆知。試看十字街頭，儘多睜著眼而徬徨莫知所往的。亦儘有瞎子盲人，在街坊人羣中，一意孤行，他卻自知歸趨，自有途嚮，不怕迷失。外行話，有時亦較內家互有得失，各具短長。未必內家全是，外行全非。蘇軾詩：「橫看成嶺側成峯，遠近高低各不同，不識廬山眞面目，只緣身在此山中。」身在廬山中，遠近高低，橫看側看，自然是一位廬山專家了。然而蘇軾偏要說他不知廬山眞面，而且說他只爲做了廬山專家，故而不識廬山眞面。可見睜眼的內家有時轉而糊塗了的也有。

以上云云，全是題外生枝，全不關涉梁先生對我質難的文字。然我草此文，本不是對梁先生有所答辯。我只爲梁先生關懷到我的文字，同時連想到國內必有很多人，無論識與不識，也如梁先生般肯關心我文字的，或許都在後面懷疑或惋惜我，爲何如此大膽，儘閉眼說些外行話。我爲感謝此種深情厚誼，便坦白粗率的說出這一些。這只是一些忠悃之愚誠，在文字上說，似乎節外生枝，而在愚意則不啻開宗明義。因此便儘先說盡，下面再逐一對梁先生文細細說下。不過下面所說，依然不是有所答辯，依然是些自道其愚，一面請教，一面感謝而已。

三

梁先生說我的文章：

劈頭就說：「中西文學有一個極顯著之異相，即西方文學常見光怪陸離不脫地方性，而中國文學則常見為高瞻遠矚不脫世界性。」這是很大膽的一個論斷。

梁先生說：

以語言文字論，世界上任何國家之語言文字皆不脫地方性，中國的在中國境內通行，等於英國、法國的各在英國、法國境內通行一般。我們不可一方面把中國語言文字當做一個單位，另一方面把雅典、羅馬、法、英、德、意合起來當做一個單位。

梁先生此話再明白沒有，而且無可辯駁。而鄙文則正蹈梁先生所說之病，竟把雅典、羅馬、法、英、德、意合起來當做一個單位看了。但在我愚拙，則當初本不照世界現勢地圖一國一國分開看，只把東方和西方籠統言之。我把雅典、羅馬、法、英、德、意合起來當一個單位，便是所謂「西方」或「歐洲」；把中國代表了另一單位，便是所謂「東方」或「中國」。如此一來，我想中國徑可代表東方或中國之整個，因此說他是「世界性」，而法、英諸邦，無論如何，各各代表不了一整個之西方或歐洲，因此說他們不脫「地方性」。我是一個愚拙人，好用笨思想，我想當羅馬愷撒時代，他們當時人看目下之英、法諸邦，自然亦只當他是一地方，而他們心目中的羅馬帝國，自然也當是一世界。這種話，自然又是大膽閉眼在說外行話，因我不能引經據典在文獻上找證明，不知羅馬愷撒時代人究否如此想、如此說。

梁先生又說：

> 我們應該記得，拉丁文有一千多年的歷史，至於近代法文、英文、西班牙文，均在廣大區域中通行，並不限於國界，似乎較中國文字更躋乎大同。

這也是千眞萬確，無可懷疑的。但是在我愚拙，對這些處的看法，又與梁先生不同。拉丁文雖通行西方一千多年，但終於倒塌下來，成爲死文字，而中國文則四千年來始終還是中國文。在整個西方的時延上看，拉丁文也只佔了一個部分，即等於空間上之一個區域，而中國文則在整個東方的時延上佔了一整個。因此我說中國文是「世界性」的，而拉丁文是「地方性」的。此所謂「世界性」，自然不是說中國文永遠流行於世界之各地。至於目今英、法諸邦之語言文字，雖推行於世界各地，較中國語言文字若更爲大同；然照愚見，則依然不這樣看。萬一安南脫離法國之羈靮，印度獲取對英之自由，我想安南人、印度人未必仍通用英、法文與英、法語。日本人在中國淪陷區，便禁止中國人操英語、用英文，他們只強迫我們改用日語與日文。然而此等全不在乎我所要討論的題旨之內。我並不在根據國防疆界來衡量語言文字，我只根據文化單位來衡量語言文字。在東方文化、中國文化單位之內，中國文是世界性的。在西方文化、歐洲文化單位之內，無論古代之拉丁，近代之英、法，到底不脫地方性。

至於我用「光怪陸離」、「高瞻遠矚」等字樣，亦就實而論，並非故意渲染，有所軒輊。我沒有到過歐洲，讓我大膽設想，儻使一旅客，漫遊全歐，費時半年，所到各地，把每日報紙收集保存。在此旅客，若是一位精通各國語言文字的博士，自然對此各國文字胸中雪亮，一視同仁，沒有甚麼新奇可言。然而儻此旅客，把此一束漫遊半年所得之各報紙，送與鄙人，則鄙人對之自然要生一種目迷五色、光怪陸離之想。又倘使另一旅客，費半年時光漫遊中國，所到各地，亦每天把各地報紙收集保存。我想這一束報紙，無論多少，依然是面目單純，合乎我所說的「躋乎大同」。我們不用遠論，只想一個中國東北角上的黑龍江省或哈爾濱人，他可以一目認識中國西南角上雲南省昆明城的報紙上的字，我們自可說他「高瞻遠矚」。而同樣一個人，在倫敦、巴黎、柏林、莫斯科等等城市，卻要遇見如此奇形怪狀的多種文字，則自然有些近乎「光怪陸離」了。

四

我的愚拙之見，其實只此而止。只是一個愚拙人之簡單的笨想法，根本談不上所謂「比較文學」。我全篇文字亦即本此說去，譬如一門外漢窺看門內事，只從一個門縫之隙裏窺去。又譬如一個瞎子，走出大門，心下留神，只向一方面一路程走去。現在梁先生讀我文，劈頭就覺得我大膽，自然下文云云，將無所往而不見其爲大膽。一個瞎子閉著眼邁步起身，已是大膽之極。自此步步前行，直到他走到他所要到的地方，自然是步步莫非大膽，否則便將寸步難行。

我既大膽的說中國文學常帶世界性，歐洲文學常帶地方性，但歐洲文學裏未嘗不有如古代之希臘、拉丁般各佔有一時期之世界性，而中國文學裏也未嘗不處處或時時見其雜有濃重之地方性；然而我所云云則重在一種通觀古今之趨勢。若一段一段割截說之，自然像是我之大膽。所以我說中國文學以「雅化」爲演進，西洋文學以「隨俗」爲演進，這裏注重的在「演進」上，「雅化」、「隨俗」只是偶然借用了李斯文中的一句話以謂雅俗，亦並不含有褒貶。「雅」、「俗」相對，雅只是範圍較大的，俗則是範圍較小的。雅化只是向心的世界化，隨俗則是離心的地方化。這依然是隨著上文而來的幾句話。梁先生舉了許多例證，說明各國文字無不雅化，從反一方面說，則自然各國文字亦就無不隨俗。其實此等例舉不勝舉，在我愚拙，則只就其分量大小上說。英國文誠然有他的雅化處，如梁先生所說，而我還是說他不雅化；此因梁先生只就英國單位言之，而我則就歐洲單位言之。睜眼人看的是這一方，而瞎眼人朝向的是那一面，這自然要不相當。

在此讓我牽連涉及一個小問題，即是關於蘇格蘭詩人彭斯的問題。我曾說彭斯以蘇格蘭方言寫詩，英人或稱之爲「半外國的」，梁先生似乎對此甚表懷疑。他說：

像錢先生所說，英人或稱之爲半外國的，吾不知此英人為誰？

這一層在我愚拙，亦得聲明。嚴格言之，我根本不懂得英文，然而惟其如此，我雖大膽，卻不敢閉門杜撰，如「文王以妲己賜周公」一類的故事。我說「英人或謂之」云云者，在我愚拙，自有所本。只因我自己知道對英國文是外行，不必如上海人所云像「殺有介事」的引經據典，冒爲博雅。而且我想國內精究英國文學者既多，此等處亦不妨隨便些。現在且莫在此多費浮文，彭斯究竟已是十八世紀的人物了，讓我再舉一件近事說之。據云此次歐戰，有一德國空軍降落到威爾士的田野，旁邊適見一農民，那德國空軍急忙向他申說：Me can no speak English。而那個威爾士農民聽了便接著回答說：Me can no speak English too。如梁先生說英國語言文字在英國境內通行，則德國人不會說英語，在我們想來自不足奇。但是威爾士人也說不會講英語，在我們自然要覺得有些詫異。儻使此威爾士農民搖身一變，變爲一文學家，我想他至少是「半外國」的。

梁先生又說：

> 凡文學作品，無不帶有地方色彩與時代精神，古今中外皆然。

這自然又是文學上之至理名言，在我只能首肯。但愚拙之見仍有與梁先生不同者，緣梁先生重在古今中外之皆然，而愚拙之見，則要討論中西文學之不皆然處。此等「不皆然」處，在鄙文中則舉出「題材」與「文體」二者立論。我說西方史詩、劇曲爲文學正宗，而在中國則不盛，此何故？即因雙方演進一主雅化、一主隨俗之故。在我愚拙之見，則以爲史詩與劇曲，其取材及要求欣賞之對象，比較在小範圍內，比較偏重於地方性；這在我底文字上看，總算是說出了中國文學上何以史詩、劇曲不占上風的道理。而梁先生則劈頭就認爲我的文字只是一種大膽，因此梁先生看我文字似不覺失之於粗心。梁先生認爲沒有說到中國何以古無史詩之理由，其實我的文字裏早已說完了，而且又是我的文字裏較占重要的一節，說得又較爲用力，只是梁先生沒有看見。因此梁先生的文章裏，反而又多說了很長一段漠不相干的話。這又證明我上文所說，睜眼人也有見不到處。至於梁先生把中國戲劇不發達，歸罪於儒家思想與考舉制度，此等見解，只是梁先生所看重的「五四運動」以來之一番陳套語，恕我愚拙，不能在此詳辯。

五

其次再講到一個小問題，即是關於亞里斯多芬喜劇中以蘇格拉底爲題材之一節。承梁先生告訴了我許多話，他說：

> 亞里斯多芬劇曲現存者共十一篇，而諷刺到蘇格拉底者只有一篇，其他各篇俱不曾以蘇格拉底為題材。

這一層在我自然又長了許多知識。然而愚拙之見，則仍與梁先生不同。緣我只要說明劇曲中取材大抵是多偏於地方性的，而因賦性愚拙之故，則喜愛隨文舉出例證，因此隨手拈著亞里斯多芬之喜劇。在我並不知道亞里斯多芬共曾作劇多少，其現存者多少。我只知道某某劇中曾以蘇格拉底爲題材。然此在我已足，我亦並不認爲亞里斯多芬生平只成一劇，亦不以謂亞里斯多芬凡所作劇專爲與蘇格拉底開玩笑。若梁先生眞要針對鄙文，應該列舉亞里斯多芬其他現存各劇之取材，全部或多數不以地方性爲限，如此始於愚拙之見別有長進；否則愚拙人所求無多，正如瞎子盲翁，出門邁步，只就一方向走，只求達其自所嚮往之歸趨。至於沿途風光人物，種種景色，在睜眼人自可盡量欣賞，在瞽者則既不睜眼，對此殊無必要知道之興趣。

梁先生又告訴我：

> 亞里斯多芬衆鳥一劇中不惟諷刺雅典，實在也可說諷刺了全人類。

在這裏我自然十分感謝，而且十分高興。因爲我又知道亞里斯多芬有另一劇曲取材對象乃屬雅典，此又足爲我所論劇曲取材多限於地方性之一證。但愚拙之見，此處仍有與梁先生相歧。緣鄙文引亞里斯多芬劇曲原意，只在說明劇曲之取材方面，並不曾涉及劇曲內部之蘊意及其價値。豈有文學上乘，而其意只限於一隅、局於偏方之理？鄙文先說：

西洋文學之取材常落偏隅，中國文學之取材常貴通方，取材異而造體亦不同。

此處下語所重只在「取材」。此下有一節卻又說：

謂西洋文學有地方性，非謂其眞困於邦域，陷於偏隅；謂中土文學貴通方，亦非謂其陳腐雷同，無時地特徵，無作者個性。蓋西土文學由偏以企全，期於一隅見大通。中土文學則由通呈獨，期於全體露偏至。故西土取材雖具體就實，如讀莎士比亞、易卜生劇本，刻劃人情，針對時弊，何嘗滯於偏隅，限於時地？

當知此處所論，已不限於取材問題。我又只隨手舉例，說如莎翁、易翁之劇本，然我實並不曾謂只有莎翁、易翁之劇本爲如是。梁先生對此等處似乎又粗心了，又誤會我文，謂我此語亦未嘗不可移贈亞里斯多芬。其實我文中說的明明是西洋文學，只要是彼中劇曲上選，我此數語本可一一奉贈，又何止亞里斯多芬一人？若說我上文先舉亞里斯多芬爲例，下文便不該另舉莎氏、易氏，滋人誤會，此則殊爲鄙人愚拙所未先料。然在中國文理上亦實無此條律。我不知西方文字戒律如何，要之梁先生實誤會我文，乃謂我「論伊士奇、亞里斯多芬則曰『局於偏方、格於大通』，今又謂『由偏企全，期於一隅見大通』，豈非矛盾？」在我愚拙，再四思之，終不覺矛盾所在。若許我再大膽論斷，則此等處似亦是梁先生之粗心也。

六

梁先生又告訴我雅典悲劇演出之神聖及其莊嚴。這自然是千眞萬確，在我又增進了許多的新知，然而在我愚拙之見，則依然與梁先生不同。緣我文這一節著眼處，只在說明戲劇一類的文學，何以在中國環境下不發展，不能成爲文學之正宗，此緣中國地理環境開始便與希臘不同。希臘是小城市的商業國家，因此其文化範圍較我爲狹，而文化密度則較我爲濃。在此情形下，容易發展史詩、戲劇一類的文學。中國則是大陸農國，其文化範圍較彼爲廣，而文化密度則較彼爲稀。因此史詩、戲劇一類的文學，在中國則不易發展。這只著眼在兩邊文學發展之不同形態與不同路徑上。我只說中國人的心思氣力、智慧聰明不向這一面發展，因此說到中國人對此方面有所不暇、有所不屑，這並非在罵希臘與雅典。並非說古代的中國人，早已像我一樣閉著眼頑固，早已看不起雅典人神聖莊嚴之悲劇而不暇不屑之。我只就中國論中國，我只在雙方文學進展上指明其異趨，我並沒有一些觸犯了雅典戲劇之神聖。中國古代戲劇之不莊嚴、不神聖，早已爲梁先生知道。正因其不神聖、不莊嚴，故而我們中國人的高等的聰明才氣不肯向這一方面用。我只在說明這一點，而梁先生卻怪我自譽。其實平心而論，做了中國人而說幾聲中國人的好話，也不算得便是「大膽」。「自譽」之與「譽人」，還不是半斤與八兩？而在梁先生則不免粗心，疑我在瞧不起雅典，而著急心慌。而在我愚拙的思路上，則當時並未注意到此。

七

其次談到中國詩裏邊的「楊柳、明月」的問題，又承梁先生告訴我許多話。梁先生說西洋詩人也最愛自然，像華次渥斯那樣愛自然，全世界找不出幾個，「楊柳、明月」在西洋詩裏同樣是大好題材。取材既不異，造體亦無不同。這裏梁先生又告訴了我好許新知識，我自然只有心感意樂。然而在我愚拙之見，在此上仍然與梁先生不同。緣我意中並沒有想到「楊柳、明月」只此一家，我並沒有想到西洋便沒有愛好自然的文學家。我只想說在西洋文學上比較小說、戲劇之類更佔些上風，在中國文學上則比較詩的上風多些。而詩則取材貴空靈而見爲通方，戲劇、小說的取材則貴著實而落偏隅，此則中西皆同。因此在西洋詩裏不妨有西洋的「楊柳、明月」，中國戲裏也有中國的蘇格拉底。然而雙方偏輕、偏重之間，則畢竟有些不同。若梁先生要針對鄙文，便似乎不必說西洋詩裏也有「楊柳、明月」，應該說西洋文學上同樣是詩的地位比戲劇、小說之類佔上風；或是說中國文學上同樣是詩的地位不如戲劇之與小說。否則在我愚拙，依然閉著眼自奔前程。雖然覺得梁先生是睜眼人，見多識廣，到底還是無心去理會這許多。

因此梁先生所說「取材既不異，造體亦無不同」的話，實在與愚拙之見根本不合。梁先生似乎只注意在他所說的「古今中外之皆然」上，而在愚拙之見，則頗想在梁先生的「古今中外之皆然」裏找出一些「不皆然」；這在講到中西文學家要求欣賞對象方面，愚拙之見又與梁先生不同。在我文中說及：

> 文化之在西土為「中心之密集」，其在東方則為「外圍之磅礴」。惟其為中心之密集，故其社會文化空氣稠且濃，文人之興感羣怨亦即專注於此密集稠濃之中心。惟其為外圍之磅礴，故其社會文化空氣廣而稀，則文人之興感羣怨不甘自限於此稀薄疎落之一隅。

根據此點，又說：

> 西方文學家要求之欣賞對象，重在「當前之空間」，而中國文學家要求之欣賞對象，重在「身外之時間」。

這幾句話，又承梁先生稱我「大膽」。他說：

欣賞對象應當是「人」，不是「空間」，亦不是「時間」，因為時間、空間都不能欣賞。

梁先生這番話，又是萬分中肯。頑石點頭，終是神話。對牛彈琴，有何趣味？文學家要求欣賞之對象只是人，此眞爲中外古今之皆然，盡人皆知，不可非難。然而在我愚拙，在此處還是與梁先生看法不同。照我愚拙人想來，文學家要求欣賞對象之同爲人類，既屬古今中外皆然，則亦不必再說。而在此「皆然」中，又有一些「不皆然」處。有的重在要求「當前人」的欣賞，有的重在要求「不當前的人」欣賞。因此我底文字中只指出了「當前」與「不當前」（即身外），而眞個「大膽」，竟把最重要的「人」字省去了。然而這樣子大膽的人，恐怕又不止我一個，我自己知道還是一個謹愼小心人，並不大膽。

八

再有一些小枝節，在我的文裏有一段說：

今使讀者就莎士比亞、易卜生之戲劇而考其身世，求其生平，則卷帙雖繁，茫無痕迹。是西方戲劇雖若具體就實，而從他端言之，則又空靈不著也。

梁先生謂：

從作品裏孜求作者生平，這是學者的事，與文學價值無關。易卜生是近代人，傳記具在，用不著在他劇本裏去考求。莎士比亞的生平，我們所知誠不多，但與他作品價值無關。佛蘭克哈里斯曾就莎氏戲劇孜其身世，求其生平，吾人還怪其多事，然亦不能說「茫無痕迹」。

在這一大段裏，梁先生又告訴我不少珍貴的意見。他嚴格分析「考訂」與「文學」之爲兩事，這自然是一種名論正義，在我只表贊同。但愚拙所見，依然與梁先生不同者。緣鄙文此處依然著重在講戲劇之取材問題。戲劇取材，在一方面看，必重寫實，必落偏隅；「楊柳、明月」只成一幅背景，不能成一本戲劇，除非變成「風姨」與「月姊」之類，則依然著邊際了。但從另一面看，詩人寫楊柳、明月，若從貼近個人日常生活處寫，則雖空靈而實著邊際。戲劇雖取材社會政治人物事相，若落邊際，不見空靈；然就其擺脱劇曲作者之自身現實而論，則又是空靈不落偏隅矣。我文用意在此，並不曾主張「考訂」便是「文學」，更不曾說文學空靈便無價值。我依然是在討論題材，並不曾有一句敢貶斥到莎翁、易翁戲劇之價值上。「空靈不著」與「具體就實」，一樣的有價值，一樣是文學上的最高境界。至於梁先生告訴我，易卜生是近代人，傳記具在，用不著在劇中去攷求。又告訴我莎士比亞有人爲他攷求身世，吾人還怪他多事。這自然又是梁先生明通的見解。但愚拙之見，在此處依然與梁先生不同。緣鄙見落想不在「多事、不多事」、「用得著、用不著」處，而重在莎翁、易翁之劇本，與杜甫、蘇軾詩之取材之不同。梁先生說從莎翁劇中攷求莎翁身世，並非茫無痕迹；此在愚拙，實未讀遍莎氏全集，不敢在梁先生前瞎說。然在我愚拙，卻禁不住要大膽瞎想，從莎氏戲劇中考莎翁身世，到底是間接的，或在夾縫中的，並不如杜甫、蘇軾詩之親切在歌詠他的日常生活。因此莎翁身世到底我們所知不多，而杜甫、蘇軾的生平，則不僅大端出處，甚至一朝一晚、一歌一哭，極日常之瑣屑，莫不爲後世所深悉。因此從莎翁劇本來考求莎翁身世，梁先生要怪他「多事」；而從杜詩、蘇詩中攷求杜、蘇兩人之身世者，中國人卻從不敢以「多事」譏之。因此杜、蘇身世之考訂，雖非文學家事，而文學家研求杜、蘇詩者，卻絕不該不知此兩君之身世。此緣西方戲劇取材，在對作劇者個人身世言，則爲空靈不著；而中國詩人之詩，則對個人身世常自貼切，常融成一片；卻不能如梁先生云「取材既不異，造體亦無不同」，又說「此中外古今皆然」也。

九

梁先生又說：

比較文學不是比較優劣，這一點錢先生亦見到，不過他自己未能實踐，而仍有所軒輊。

這幾句自然又是梁先生對我極好的針砭，在我愚拙惟有拜嘉。然而愚拙之見，則仍有與梁先生不同者。緣鄙文實有許多處，本不在軒輊，而梁先生神經過敏，卻常以爲我有所軒輊，而且常疑我心在譏貶西洋，在自譽中國；這自然怪不得梁先生要屢屢的說我「大膽」。我也知道生今之世而還要軒中國、輊西洋，眞屬大膽已極，但我的文字裏卻並未如此。惟進一層言之，則眞能「比較」的，也自然有「軒輊」。雖意不存軒輊，而軒輊自見。昔晉武帝爲太子議婚，謂：「衛公女有五可，賈公女有五不可。衛家種賢而多子，美而長白；賈家種妒而少子，醜而短黑。」這是「比較」呢，還是「軒輊」？實也難分。俗話說：「不怕不識貨，只怕貨比貨。」我只約略把中西文學相比，只沒有「新文化運動」以來之一味尊西洋，而梁先生說我仍有所軒輊，我不知梁先生胸中之無所軒輊，是否還是「中外古今之皆然」？

一〇

以上拉雜說了許多話，只爲梁先生關切我文，借此坦誠自道其愚拙，以表感謝與敬意，說不上有所答辯，更不敢爭其是非。若說要答辯，則愚拙原文具在，亦並不要再寫答辯文字。其他尚有小節，恕不一一涉及。梁先生大文臨了有兩點意見貢獻，我也學梁先生在此文臨了，也來貢獻意見兩點。

梁先生說：

治中國文學者尤宜於精研本國文學之外兼通外國文學至少一種以擴其眼界。

梁先生說我高唱「田園將蕪胡不歸」，又說：

假如我們肯睜開眼睛到外面去移植新的種子進來，這田園是不會蕪的。

梁先生這番意見，在我愚拙實是萬分贊成。然而愚拙之見，則仍有與梁先生不同者。鄙意則謂以中國人論，無論其治中國文學或外國文學，在其兼通外國文字一種或多種之前或後，最好仍宜眞能精究本國文字。即或達不到梁先生之所謂「精研」，在我愚拙，則以爲即「兼通」亦已佳。萬不要對本國文字不兼不通，則縱然能睜開眼睛到外尋新種，恐怕歸去來時，田園早蕪，並不能像梁先生般之樂觀。

第二說到林琴南，梁先生說他「給中國文學開闢一塊新境地」，又說：

> 他底譯品刺激了中國小說的創作。但他的翻譯是不成功的，天下焉有不通原文而能作出成功的翻譯之理！錢先生所謂「委悉穠纖，意無不達」，未免無稽。用古文譯小說，是一條不通的路，這並不是欺世。現在通彼邦文字者很多，不是容易欺的。

這一節話，梁先生批評林氏是銖兩悉稱的了。而在我愚拙，則不是有意爲林氏辯護，我也早已說過，謂其「不解原本，轉翻有譌，此洵有之」。故我文所謂「委悉穠纖，意無不達」者，只是就文論文，只說林氏文筆在今日尚不得謂之「死文筆」。我的立論，並不著重在林氏翻譯之是否正確，而著重在林氏文字之能否達意。然而此等只是旁枝小節，我在此更不想再說梁先生粗心，再說梁先生又看錯了我文的原意。我只有一個誠懇的意見，敢向梁先生提出：梁先生認爲不通原文不能翻譯，儘不妨請通原文的來翻。梁先生說古文不能翻小說，儘不妨用白話來翻。目下精通外國文字者既很多，在我愚拙，則極希望多讀些譯本，更希望多讀些成功的好譯本。林氏的翻譯雖不成功，然其畢生孜孜的一番精力，是值得欽佩的。若論其翻譯分量之多、流傳之廣，在當時開闢與刺激的功勞似乎還值得稱說。目下精通外國文字文學者誠多，在這幾方面似乎還少能與林氏比肩。古今來大人物而不成功者儘有之，若以驕情嬾氣，徒唱高調，不肯埋頭切實努力，則較不成功者更下一等。在我愚拙，極想國內有大量成功的文學翻譯，以廣國人之眼界。在此方面，梁先生是理想中的一個，因此順便向梁先生提出。莫使國內不能兼通外國文的常常去想念林琴南。

（民國三十二年一月重慶文化先鋒一卷十九、二十兩期）

評夏曾佑中國古代史

一

此書分兩篇，第一篇上古史。第一章傳疑時代，太古三代。第二章化成時代，春秋戰國。第二篇中古史。第一章極盛時代，秦漢。第二章中衰時代，魏晉南北朝。本稱中學中國歷史教科書。第一册上古之部，於前清光緒三十年六月初版。第二册秦漢，光緒三十一年八月初版。第三册魏晉南北朝，光緒三十二年四月初版。此下未續出，本非完書。初刊頗極風行，自革命後漸少流傳。今距其書初刊已及三十年，商務仍將此未完之稿重新排印，列爲該館所編大學叢書之一，而易以今名。

以中國疆域之廣大、種姓之複雜、年代之悠遠，而史乘完備，舉世無匹。一部二十四史，從何說起，宜乎令人有望洋向若之嘆。今又值曠古未有之新局，民族存亡絶續之交，新舊之嬗遞，方不知蜕獲之所屆。鑒古知今，端賴歷史。今日所缺，則並非以往積存歷史之材料，而爲今日所需歷史之知識。良以時代變則吾人所需歷史之知識亦變。古來歷史亦時時在變動改寫之中。今日所急需者，厥爲一種簡要而有系統之通史，與國人以一種對於已往大體明晰之認識，爲進而治本國政治、社會、文化、學術種種學問樹其基礎，尤當爲解決當前種種問題提供以活潑新鮮之刺激。茲事體大，勝任愉快，驟難其選。又兼年來社會不寧，學人不努力，全以草率苟且從事，何從成此艱鉅之業？故社會雖有此需要，而出版界則無此作品。則商務之重印此三十年前一部未完之中學教科書，列爲今日嶄新之大學叢書者，正是此三十年內中國政治、社會、學術種種方面一極好之寫照也。

然夏書實自有其存在之價值，可以不隨三十年之潮流而俱去。其書之價值，亦並不以其非完書而有所貶損。價值何在？一則在其編寫此書之意義，二則在其編寫此書之方法。

何言乎夏氏此書之意義？夏氏自敍有云：

> 智莫大於知來。來何以能知？據往事以為推而已。故史學為人所不可無之學。洎乎今日，既無日力以讀全史，而運會所遭，人事將變。目前所食之果，非一一於古人證其因，即無以知前途之夷險。又不能不亟讀史。是必有一書，文簡於古人而理富於往籍，其足以供社會之需乎！

此雖寥寥百字，而於通史之意義及任務，已宣發無遺。近人治史，能具此目光者轉少。竊願國內學人全以夏氏之言寫史，以夏氏之言讀史，於史學界風氣必將丕變。

何言乎夏氏此書之方法？夏書第一篇凡例有云：

是編每時代中於其特別之事加詳，而於普通之事從略。如言古代則詳於神話，周則詳於學派，秦則詳於政術是也。

又其書第二篇凡例有云：

本篇用意與第一篇相同，總以發明今日社會之原為主。文字雖繁，其綱只三端：一關乎皇室，凡為一代興亡所繫者無不詳，一人一家之事無不略。一關乎外國者，事無大小，凡有交涉，皆舉其略。一關乎社會者，如宗教風俗之類，每有大變化時詳述之，不隨朝而舉。

此等處非極有識力、極有眼光者不能道。即將來繼夏氏而起者，欲寫一扼要動人之通史，恐仍不能出此範圍也。

二

今進而論夏書之內容，則瑕瑜互見，尚多不足以自赴其凡例之所欲到者。姑略論一二，以備讀此書者之參考。

第一篇第一章太古三代。關於此方面之見解，自革命以來，經過極劇烈之變化，而夏書寫此一段，以神話爲主眼，故使三十年後讀者，乃不覺其陳腐，若尚有一讀之價值。亦緣近人疑古，本從清代今文經學之流派，而夏氏亦信今文經說故也。然上古神話爲一事，歷史眞相又爲一事。決不能以上古傳說多神話，遂幷其眞相不問。若上古史之眞相不顯白，則以下必有無從說起之苦。觀於夏書第十四節黃帝之政教，詳述今日中國所有文化，若皆黃帝所發明；則夏氏除認上古傳說多神話以外，於上古史眞相實並無所知。（第二章第二十五節「自上古至秦中國幅員之大略」同樣謬誤。）幸此下敍述堯、舜、夏、商、周皆極簡略，故其病痛尚不十分發露。然此下第二章春秋戰國，夏書即有無從說起之苦。因其於上源發脈處不甚清楚，故遇下重要處亦把捉不住也。

第二章春秋戰國，夏氏謂：「其時中國尚爲無數小國，其事並無統紀，不能不以表明之。」（語見第二篇凡例。）夏氏又謂：「列史年表與古人著述，有與史事關係極切，而其物又無可删節者，皆全篇附入以供博考。」（語見第一篇凡例。）故書中全部錄入史記十二諸侯年表、六國表，又顧棟高春秋大事表五列國爵姓及存滅，凡三表，竟佔全書篇幅五分之一。其實三表均多疏謬處。苟於當時史事眞知灼見，亦未嘗不可提要鈎玄，加以改爲。今夏氏既不能有所訂正，又不能將其所謂「與史事關係極切處」加以說明，僅爲此駕空之大言，直鈔三表，聊充篇幅，最爲無味。因此於本期封建制度之演變，夷夏之交爭，齊晉霸業之意義，乃及六國時代種種政治、社會、學術方面急劇之變動以爲中國上古史之結束者，全不能有所指陳。（第二十三節「春秋制度之大概」、第二十四節「戰國之變古」全屬影響模糊，搔不著痛處。說井田數語有見解。）將使讀此書者徒見其旁行斜上，爲一種古董之把玩而已。其述七國史，因七國併於秦，遂特設「秦之自出」（第十七節）、「秦之列王」（第十八節、第十九節）、「六國對秦之政策」（第二十節）諸節。不知戰國形勢，全不是如此一會事。（秦在戰國初期，遠不如梁、齊諸國之重要。又夏氏認縱橫爲當時列強外交之二術，亦大誤。）

又第二節「諸侯之大概」，敍春秋二百四十年事，並不能指出當時戎狄形勢；而於二十一節記載戎狄之滅亡，不知戎狄之重要時期在春秋，不在戰國也。要之，夏氏書於春秋戰國時局之推遷，實是並未認識。讀此書者，亦必將懵無所得。其病源則由對上流已認不清，故下段更無辦法也。

夏氏自謂於周代詳其學派，然夏氏處處不脫當時今文經學家之習氣，必認孔子爲教主，故於其前特設「孔子以前之宗教」兩節。（第三、第四。多鈔汪中氏述學）而於第七節述孔子世系，特及其形貌。並特設「孔子之異聞」一節。（第九。）連篇怪說，而謂：「古義實如此，改之則六經之說不可通。」又謂：「凡解經者必兼緯，非緯則無以明經，此漢學所以勝於宋學。」不知今文經學之盛行，特道、咸之下經學之末途。乾、嘉以前所謂漢學何嘗如此？治史者對於孔子之認識，是否定須從緯書怪說入門？論語爲孔門寶訓所寄，明白剴切，何以轉不稱引發揮？第十節「孔子之六經」，附錄唐陸德明經典釋文敍錄一篇，占篇幅十二頁之多；至多是經學傳統上一重公案，於孔子學說在當時及歷史上之地位並無干涉。夏氏又謂：「此篇皆唐人之學，至宋學興，而其說一變。至近日今文學興，而其說再變。年代久遠，書缺簡脫，不可詳也。然以今文學爲是。」既以今文學爲是，又何必多錄此一文？

夏氏並不能從當時史實上看孔子，自更不能從將來影響上看孔子，而只以宗教之教主與西漢緯書之怪說及清末今文經學之偏見相擬議，又何從見得孔子之眞相？（夏書雖欲極力推尊孔子，而所得影響適得其反，其故亦在此。）

三

第二篇夏氏似欲竭力說明秦皇、漢武之政術及於此後中國史之影響，（如第一節「讀本期歷史之要旨」，第二、第三節「秦始皇帝」，第五、第六節「秦於中國之關繫」，第十九節「武帝儒術之治」皆是。）而並無精切透宗語。其述漢史以外戚爲主，西漢外戚之禍凡六節，東漢宦官外戚衝突亦六節，凡佔本期史六分之一以上，然並不能指出外戚擅權之背景。只是縷述其事態，而不能看穿事態之外幕以明其底裏。

至王莽變法，以歷史意義言之，至少有兩大節目應爲說明；一是戰國末年以迄西漢之學術思想，不認有萬世一姓之帝王，而主張五德終始、三統循環之歷史辨證法。謂四時之運，功成者退，王者亦當擇賢讓國。其說匯通於易經、老子之陰陽，而歸本於孔孟儒家之仁義。源於鄒衍，衍於董仲舒，激於眭孟、蓋寬饒，暢於劉向、谷永，而朝宗於劉歆、王莽，爲新室之受禪。又其一則荀卿之學，傳之魯申公，及於王吉、貢禹，旁通於賈誼、晁錯，主張以禮爲社會經濟、人民生活作節度，懸爲帝王施政最高之理想。其說亦匯於王莽，而爲新室之變法。自王莽之敗，而此等理論驟歸消歇。此實西漢史上一至大之波瀾，豈得一概以「外戚之禍」一題爲包括？

又自秦人以至西漢繼續遷移東方之民力財力於關中，使中國東西經濟文化得其調節。又以長安爲中心，而伸展其對西北外族之捍禦與侵略。及王莽之敗，長安殘破，光武東都洛陽，從此中國經濟文化向西發展之努力的傾向，遂以中斷。造成東漢幽、幷、涼三州之荒殘，以致羌禍迭發。而東方則人口特密，一遇饑荒，遂有黃巾之亂。循此遂走入中衰之運。夏書述光武中興凡三節，僅注目於光武之所以興，而兩漢形勢之轉換，則並未顧及。（上面秦漢之際凡六節，亦祇注目於漢高之所以得天下，於當時貴族失敗、平民成事一重要關鍵，亦少闡述。）此實爲夏書一絕大缺憾。當知政治事迹非所不當詳，然當詳於整個時代民族之盛衰起落，不得以一朝一姓之盛衰興亡爲觀點也。

兩漢以建都之不同，而對外形勢亦整個不同。夏書自第三十六節起至五十九節止，凡二十四節，將兩漢之對外牽連說下，又無提掇比較，貌是神非，極無精采。

儒稱「術士」，術士即方士也。方士之起本與祭祠禮乘有關。（此看史記封禪書即明。）鄒衍之學原本儒家，其立說中心不出二端。大抵政府施政應上應天時。此說詳見於呂覽十二紀、淮南時則訓、禮記月令，實即孟子「勿奪農時」之主張。（故荀卿謂「孟子造爲五行」。）在上無不變之天象，在下即不應有不變之政令。（此種理論與老子、易經匯通。）且上天既五帝迭主，人世亦當五德轉移。於是而天人相應。先有符瑞，徵新聖之受命。乃次以推德應瑞，變法改制，興太平，封禪而告成功。是爲此等理論之前半段。秦皇、漢武之施政，皆多少受其影響，而漢武爲尤甚。及德運既衰，上帝乃降災異，於是擇賢讓國，退自降爲二王之後，而別有一番之受命。是爲此等理論之後半段。漢自昭、宣以下，其說逐步盛漲，而有王莽。至於封禪而得不死，乃題外旁枝，非題中正文。（以聖人應天而降，故既封禪告成功，理得登天。方士之說，仍從五德終始大題目來。）清代今文經學，極於康有爲，既不能發明孔子春秋，明夷、夏之防而主排滿，又不能推說漢儒通三統之義，勸清廷爲讓國；乃以保皇言變法。目王莽爲攘竊，誣劉歆以作僞。全是廖平一派強爲經學今古分家之意見，並不能上窺西漢經儒之精義。夏書亦不免尋聲逐影。第六十節論儒家與方士糅合，捉不到眞際；六十一節黃老疑義、六十二節道教原始更爲模糊。

六一四節佛以前印度之宗教，與通史無關，不應闌入。

六一六節兩漢官制，摘鈔舊文，全無發明。兩漢九卿，論其性質，猶近帝皇私屬，與隋後尚書六部大異。其時內廷侍中、尙書之屬尙多士人，（秦、漢時少府屬官亦非盡宦者，夏說誤。）而御史大夫爲丞相副，有中丞在内廷，故丞相權得治宮庭之內；此如周太宰，其管屬亦及內廷；（周官雖非周代實有之制度，而亦可考見戰國時之情況。）蓋由宰相亦自帝皇私臣演變而來也。自武帝始奪宰相權，內廷、尚書分曹受事，遂有內朝、外朝之別。武帝晚年遺命，以霍光爲大司馬大將軍輔政，領尚書事，而宰相、御史大夫不得預聞機要。宣帝欲奪霍氏權，遂以御史大夫魏相給事中；而霍山尚領尚書，故宣帝令吏民得奏封事不關尚書。然其後霍氏雖亡，而內廷之權終在外朝之上。王莽亦以大司馬大將軍受禪。東漢三公已無實權，而權在尚書。此皆由歷史演變尚淺，猶未脫戰國以來封建制度之遺意。故武帝以前丞相握大權，而爲相者限於以軍功封侯之武人階級。（其實亦即帝皇之私人。）宣帝後丞相始由儒生經學家爲之，而大權在內廷，不在外朝。而內廷握權者，前漢爲外戚，而後漢自外戚漸移而至於宦官之手。夏書不能於兩漢朝廷體制加以說明，故雖知外戚爲兩漢一特殊要點，而終不能說明外戚之背景與其來歷。（於武帝變制及兩漢不同處均未述及。）

又第二章第三十七節晉南北朝隋之行政機關，以中國行政機關組織之變換，全歸罪於曹魏，並非精密之論。又謂：「魏後宰相不過爲皇帝之私人，與國家無涉，實即漢宦者之易名，非古之大臣也。」此論似辨而亦誤。漢之九卿，首奉常，爲帝王之廟祝。次光祿勳，爲宮廷之門侍。次衛尉，爲武裝之衛隊。依次而下，何一非帝王之私臣！其時丞相、御史大夫權得統領九卿，則以丞相、御史大夫即爲帝王私臣之首領故也。安所來「古之大臣」哉！至隋代尚書，分吏、戶、禮、兵、刑、工六部，此與漢九卿太常、光祿勳性質迥別。然則隋唐之尚書僕射，雖若帝王私人，而其職權已漸涉國家之公務。

漢之丞相、御史大夫，雖若外朝大僚，（其實相、御皆私人之名，與尚書僕射亦無分別。）其事務尚多屬帝王之私事。良由漢去封建未久，隋唐已開近世一統國家之規模也。夏氏此書於漢、隋政府規模，認識不清，遂有「古人之治不可復矣」之嘆。古今政治得失極難一言而判，而夏氏之誤則可知也。

漢代政治規模，其中央尚如古代一大貴族；而郡太守得自治其郡，亦如古代一小諸侯，惟不世襲耳。及後中央政權日擴，地方政權日削，故有吏、户、禮、兵、刑、工之分部。夏氏乃以「漢時爲中央集權，魏後宰相位卑，方鎮皆大將，位與宰相埒，無所謂統一之治」，眞可謂皮相之見矣。當知隋唐節度使由漢之州刺史變來，而漢之州刺史則自秦之監御史來，乃内官，非外官。外官掌地方行政者，漢之郡太守、縣令長，較之隋唐州郡官權重不啻十倍。夏氏乃倒言之，甚矣其誤也。

漢代入仕，最先僅爲軍功封侯及廕任兩途，其次乃爲納貲，尚不脱古代封建之遺影。夏書第二章第三十八節晉南北朝隋之風俗，謂：「漢興，用徵辟之法，其士大夫率先受業於國學之博士，卒業後就公卿方岳之聘，試爲其掾屬。久之，累官而上。其制獨與今歐美諸國相近。漢行之四百年，人材最盛，流弊亦最少。」其説亦疏謬。漢行博士弟子法已在武帝世。且漢多出郎吏，郎選與徵辟不同。漢自武帝後時徵賢良，而東漢極盛孝廉。此皆郡國舉送，（所舉大率皆屬吏。）先入郎署，爲漢代入仕大道，尤在徵辟上。（不得以徵辟括察舉。又郎署屬光禄勳，此乃天子所養門客，明是古代貴族封建之變相。九品中正始爲門閥操縱。及隋唐科舉，始有公開考試。此乃中國史逐漸脱離對建社會之一徵。大中正乃中央兼官，夏書謂：「於州郡設大小中正官」，亦誤。）自漢武設博士弟子，而昭、宣以下諸公卿，始多文學士。（蓋由博士弟子得補郎吏故也。）自東漢盛孝廉而太守私門之權日重，（因舉送之權全在太守也。）遂形成東漢末年地方離心之勢力，以及魏晉以下之門第，與東漢士大夫之尚氣節、重報恩，形成新封建思想之復活。（此無異爲二重之國家觀念，乃封建道德之變相，不足推尊。）亦中國史走上中衰一大事。

夏書第二篇第一章第七十三、七十四節三國末社會之變遷，盛稱東漢氣節。實則東漢士大夫絕無一人敢明目張膽勸其君傳國讓賢者。即此一點，已證乃光武之成功，非全民族歷史文化之向上。歷來論東西漢士風皆不得其眞相，夏氏仍不免俗見也。（夏氏論西漢游俠，不能著眼當時社會經濟組織，而顧以宗教說之，更無是處。）

夏書第二篇第二章魏晉南北朝，大率政治治迹之敍述爲多，其目光仍不免稍偏於帝王姓氏之起落，茲不詳論。其論行政機關之組織，已評如前。又謂宗教必兼唐而言，故書中未及。（實則魏晉清談、玄談，並非宗教。夏書以孔、老、墨爲三教，故觸處皆非。）又云：「食貨、兵、刑等事，在今日皆成專科，在當時率由一二人私臆行之，殆無機關之可言。」然西晉之戶調、北魏之均田、北周之府縣，皆歷史上極大事端，不應略去。又記魏拓跋氏衰亂而不詳魏孝文變法，亦詳略失當。

四

夏書疏繆處略評如前。然並不損夏書之價值。其敍述之扼要，文字之生動，一開卷即使人有心開目朗之感。其氣魄之開大，譬如登泰山而眺眾峯，上下千古，豁然在目。豈與夫摭拾二十四史、九通，拉雜拼湊，非之無可非，刺之無可刺，無所略亦無所詳，無所失亦無所得，披卷使人睡，熟讀使人愚，竊鄉愿之故智，徒以陳紙相鈔，不以心胸相示；而夏書則不失爲豪傑之面目矣。學者讀此，要自有益。其書在此時，尚不可廢也。

（民國二十三年三月三十一日天津大公報圖書副刊第二十期，以筆名「公沙」發表。二十六年六月北平國立圖書館圖書季刊一卷二期轉載。）

中國六十年之史學序

一

歷史乃古人已往陳迹，一去而不復，一成而不變。顧歷史長留後人追念記憶中，後人時代不同，心境各異，乃於古人已往陳迹，追念記憶，隨時有別。凡所探索與所評騭，更見差歧。故歷史雖一去而不復，實則歷久而常存。歷史雖一成而不變，實則與時而俱新。又人之常情，處順境，樂向前瞻；處逆境，易回後顧。故當衰亂世，每易激起歷史情緒，增長其對古人陳迹之追念記憶，而引生其探索、評騭之情。孔子當春秋末期而作春秋，爲中國開私家著史之始。司馬遷當秦、漢統一盛運乍啟之際而作史記，雖非衰世，要亦目擊世變而發其思古之幽情。今謂當衰世，值世變，而史學興，則最近六十年來，應爲中國史學最盛起、最奮發之期；而事實顧又不然。此則尚別有說。

考之中國歷史慣例，世亂則賢士退隱，逃遁山澤林野，養晦韜光，埋首學問著述，以待後之繼起。尤著者如晚明諸遺老，如孫夏峯、李二曲、顧亭林、黃梨洲、王船山、陸桴亭之儔，身抱亡國之痛，回念前史，期望來世，其一種歷史情緒之深切眞摯，乃更遠過於前代。此諸老之著述言論，亦莫不與史有關。雖謂諸老皆史學可也。

至於清末民初，則情形又大不同。一則漸染西化，人競自奮於變法革命，奔走高呼，遑遑汲汲，極少往昔經世亂而杜門嚮學之事。故此六十年來，多志士，少學人；盛叫囂，疎撰述。學術不振，蓋當爲此六十年一顯著現象，而史學亦無以例外。再則一時學者既競言西化，初猶在國內，讀幾本翻譯書，拈拾幾個新名詞，即欲見之行動，發爲事業。繼則變而益厲，負笈海外，三年、五年，即歸國作時代導師。其所得於海外之深淺且不論，其對國內已往歷史陳迹，則既非所知，而又必以一反故常爲快，故不治史而好論史。其論史，則若謂國史陳迹，有百非，無一是。大而政制，細而學術，乃至一切人物、事業，遙遙五千年，似無一可以當其意。統宗會元，乃一切集矢於孔子。然此風亦早有其漸。康有爲自號長素，漢人號孔子爲「素王」，而有爲乃自居孔子上。又爲孔子改制考，凡孔子之言古，則皆出於僞託。章太炎一反有爲之主今文而主古文經學，故曰「劉歆賢於孔子」。著爲訄書，揭櫫非孔。又言中國幸有一王充，差堪蓋羞。康、章爲此六十年學術界最前輩之巍然二老，雖其晚年著書，亦已懲創多變，然其早年意態固如此。且彼兩人，一言變法，一言革命，實亦未嘗有長時期潛心學術。以之上擬晚明諸遺老，殆所謂彼一時，此一時，迥乎不相侔。然此兩人，尚猶粗得清代經學遺緒，其學術根基，固猶建立於國內。後之嚮風繼起者，媚學更不如兩人，又復拾口慧於國外，學殖荒落，終亦無以相踰越。

二

故此六十年來之史學，有兩大特點：一則輕蔑古人。論史多攻擊，少表彰；多推翻，少發明。往昔晚明諸遺老，痛定思痛，亦於舊史有沉深之指摘，然乃就舊史細經尋覓玩索而來，故其言有源有本。此六十年來，乃不從舊史本身評史，轉從史外評史。宗主西土，排擊祖國，乃覺國史通體無是處。二則此六十年來，史學漸轉爲一種考證學。由「蔑古」而「疑古」，由「疑古」而「倒古」。以「考古」之面貌爲手段，以蔑古、倒古之心意爲目的。故此六十年來之史學，乃可分兩大支：一曰評史，「打倒孔家店」乃至「全盤西化」皆是。一曰考史，自地下發掘、龜甲考釋、古史辨僞等皆是。而考史實僅爲評史之附庸。最缺者爲著史，清史稿始終未獲愜意之重修。尤可怪者，近人乃似不目預修清史者亦爲治史之學人。蓋近人於史學，實自別有其門戶之見，牢固而不可拔，蔽藏而不自知。一若一切惟待新創，守舊之事，已無預於學問。惟新的通史、新的斷代史、新的各項分門別類之專史，既皆待有人根據時代需要，運用新觀念，從事新撰述。而新觀念則仍須根據歷史舊材料。遠而言之，此五千年來之中國史，究竟長處何在，短處何在？此六十年來之現代史，究竟所得何在，所失何在？

皆當從歷史本身內部通體細求，不能在歷史本身之外另有根據，漫肆攻擊。至少從史學言，則此等決非史學。而此六十年來之史學界，則全爲此一種風勢所壓倒，極少人敢於冒大不韙，根據自己歷史來批評自己。即或有之，則此人必被目爲僅知有以往歷史，不知有當前時代；否則爲僅知有中國，而不知有中國以外天地之大，尤其是西方之存在。若有人內中國而外西方，則必最爲此六十年來人詬病。但生爲中國人，究不當不知中國。當前現代中國固當知，往前五千年來之中國亦當知。從事中國史學研究，固當橫觀全球，深矚現代，乃能上窺舊史而獲新知。亦惟能於舊史有新知，乃能對此時代有貢獻。此項貢獻，乃爲治史學者所可有，亦所應有。今人乃怵於時代風勢，早不敢對國史作平心深入之研討，乃相率逃入考古之一境。此則已在此六十年史學之後期。

其先考史爲求推翻，繼起之考史則爲逃避。只要鈔撮得一堆材料，細針密縷，加以組織，即可自詡爲一種科學方法之新史學。此種史學，僅需材料與方法，不問識見與議論。較之前三十年之史學，僅遑識見議論，不辨材料方法者，正是各走極端，而又恰好匯成一流。吾民族摶成之基本，吾文化持續之淵源，吾國家建立之精神，凡此種種重要大問題，前期評史派早已囊括壟斷，推翻打倒，曾不反顧。後期考史派繼起，則凡屬歷史上重大問題，多置之不論不議之列。所考全屬瑣碎事，無足輕重，既不牽涉大節目、大意義，自可不與前派意見有牴牾衝突，亦不需有論議識見，乃有當於所謂純客觀之科學方法。故雖其工作爲考史，顧於邦國安危，民族榮悴，乃可澹然漠然，無所動於中。而遂使吾先民五千年來整部歷史，有血有淚、可歌可泣，有興亡、有治亂，有賢有奸、有是有非，可鼓舞、可惕厲者，盡成爲一堆死材料，而惟待今人之重加整理。則又尊其名曰「整理國故」，並謂中國古人知有「史料」，不知有「史學」。欲整理舊史料以冀其逐步接近於新史學者，一切意見方法，亦必鈔襲西方，惟西方人之意見始得爲意見，亦惟西方人之方法始得爲方法。中國自孔子、司馬遷以下，迄於康、章以前，上下兩千年，在史學上，除堆積幾多材料外，則全成一片空白。其實亦何獨史學爲然？一切學術乃至整個文化亦莫不然。以近六十年來人回視古昔，幾乎是瓦礫成堆，惟清掃糞除之爲艱。如言文學，則凡屬文言，皆成死文字；其他可以類推。

與康、章相肩差，而同爲近六十年人推尊者，尚有梁任公。持論稍和平，然多反覆。今日以爲是，明日以爲非。其早年，亦一意慕西化，自稱中國之「新民」。呼號變法，著爲中國六大政治家，最推挹王荊公。凡屬荊公一言一行無不是；反對新法者，自司馬溫公以下，一言一行無不非。及中年以後，亦猶慕想西方文藝復興，而以清代考據學當之。則其視宋、元、明三代，豈不如西方之中古黑暗期？寫爲清代學術概論，嗣而悔之；又寫爲近三百年學術史，議論又一變。惜其不壽，不見其所變之於何底止。然任公良爲不可及，一則自謂其「筆鋒常帶感情」，於吾先民前賢往史，尚多嚮往激昂之情，不似時風之自我慢而肆涼薄。又「不惜以今日之我非昔日之我」，不護前而飾非。

與任公同時膺北平清華研究院講席者有王靜安，爲人沉靜自守。乃自居爲遜清遺臣，其立身與康、章、梁三人大不同。一時從學，多奔走任公之門，絕少赴靜安函丈請益者。及兩人先後逝去，門人乃競言「靜安師」，遠過於稱道任公。然言近六十年考史一派，則靜安洵爲巨擘矣。要之此六十年來，康、章、梁、王，則僅占其前半期，乃使後三十年人望之，已如峨眉天半，可望而不可即。而此後三十年則逐步墮落，幾於如餘燼之將滅，死灰之不復燃。此固兵燹戰亂，逃亡饑餓之所逼；然「天下興亡，匹夫有責」，後三十年之災禍，以春秋責備賢者之義，其在前三十年之巨人長德，名流學者，豈能脱然事外！然而居今而言，何以接踵前修？何以導先起後？則又更有其難言者。

三

張君曉峯發意編輯六十年來中國之史學一書，廣徵流亡在臺學人，分題撰述，蔚成巨帙，而囑余爲之序。余以孤陋，亦蒙時人許以爲治史之一員，亦幸忝踞講席於南北上庠，於此六十年來之史學界，有幼年摳衣親從受業者；有壯年以後時相親接，獲預於友朋之列者；其餘亦多覿面請益，握手言懽。蓋未覩顏色、未通姓字者十不得一、二。此書所網羅，其人其書十九皆我所素稔；則我之於此書，又何從措辭於其間？不獲已，姑舉此六十年來人共崇奉康、章、梁、王之四人；而余之幸得有一面之緣者，則惟章氏一人而已。舉此四人，蓋可指明此六十年來史學脈絡之所自。舉此四人，蓋可指明此六十年來史學風勢之所由。此六十年來之史學界，則亦尠有不受此四人之影響。而余亦自爲受此四人影響之一員。若果不讀此四人書，而空言此六十年來之史學，則將不得此六十年史學之要領與其利病所在。姑率以此意質之曉峯，不知曉峯亦許以爲然否？

（一九七三年二月華學月刊第十四期）

張曉峯黨史概要序

近幾十年來中國的學術界，史學算得是發達的一宗。但似乎仍沿著前清乾、嘉以下經學考據的舊轍，對分碎的精密考訂的貢獻多，對會通的史識之培養有不够；又很少注意到新史的創作。這兩者也有其相因處。張曉峯先生平日治史重通識，因此遂能注意到新史之創作，最近所著黨史概要便是一重大的成就。

取精用宏，後來居上，這本是不足爲怪的事。在此以前，有關黨史的撰述已不少，張先生此書，就目前論，算是最後出的了。而且赤禍横決，政府從整個大陸撤退到臺灣，這不能不說是國民黨的一番大失敗。此刻痛定思痛，徹底反省，究竟這幾十年來的國民黨，它的已往成功，猶可保留到將來的，是在那幾處？它之所以失敗的主要病徵在那裏？它須從頭改進的是什麼？它須再事發揚的，又是些什麼？將來國民黨新興，無疑的，與已往的國民黨必然會有一番大改造。這已往幾十年來國民黨的成敗得失，恰恰可告一段落，這正是爲國民黨寫史一最好的時期。張先生的黨史，正在這時期中寫出，這自然會比他以前的各種有關黨史的撰述，有其獨特的意義與價值。

史無定法，所貴乎良史之才者，正貴其能實事求是，針對著他所要寫的歷史對象，而創闢出一種恰恰符乎此對象的新體裁。國民黨本與近代歐、美政黨有不同，它不僅以當前的政策爲號召，而是以一種特有的思想與主義而結合。三民主義之與國民黨，應該是二而一，一而二，成爲不可分割的一體之兩面。張先生此書，始終注意到三民主義的思想之演進，主義之發展，爲其書中特占重要的一部分；這是張先生此書一種特創的新裁，而可證其爲史家識力之一例。

國民黨所又與其他政黨不同者，國民黨乃由孫中山先生一人所倡導而成立；三民主義，亦是孫先生融會古今中外而獨創的學說。因此國民黨有主義，同時有領袖。繼續孫先生而負此領導國民黨之重任者，爲當今中華民國大總統蔣先生。我們也可說：國民黨之興起與其持續，乃及其一切成敗得失，有關於國民黨的兩位領袖，總理、總裁，孫、蔣兩先生之個人的思想、言論、主張、行事者特別大。張先生此書，特寫此兩位領袖，成爲這部黨史中獨出的中心人物；這又是此書一種特創的新裁，而可證其爲史家識力之第二例。

國民黨又有一特點，使其與近世歐、美政黨不同者，它自始即是一革命黨。最先的革命對象爲滿清王室，繼之爲北洋軍閥；因之國民黨黨史，同時即成爲一部中華民國之創建史。而近代的中國，已經處身在世界史的大潮流中而無可再孤立。因此內政的改革，息息與外交相關聯。在國民黨的革命過程中，又不斷遇到外力之干擾。此種趨勢，愈後而愈烈，直到對日抗戰乃至當前的赤禍橫決，莫非是此一趨勢之演進。因此眞要寫一部國民黨黨史，雖以黨史爲中心，而其外圍必然牽涉到全部中國史；

而其更外圍，則必然會牽涉到大部分的世界史。張先生此書，正著眼在這點上，因此張先生此書，又一定名爲近六十年中國革命史，以黨史爲核心，而一重一重地向外牽連到國史與世界史；這又是張先生此書所特創的新裁，而可證其爲史家識力之又一例。

在中國傳統史學裏，一向有「官史」與「私史」之分。而中國傳統的史學界意見，無寧是看重官史更重於私史。第一是官史的取材方面，比較易勝於私史。第二是中國人一向早懂得史學的獨立精神，因此縱爲官史，而史家秉筆之自由精神，大體上獲得了相當的尊重。張先生此書，是一部私人獨撰的書，較之晉以後設局公修的官史有不同。但張先生寫此書，身當要職，他先是國民黨改造委員會的秘書長，繼之是國民黨中央黨部的秘書長；依照目前黨國一體的現狀，我們正不妨把此書當作官史看。而且此書之重要點，如我上述，正因其在這非常時期中出現，以張先生在國民黨裏面那樣特殊的身分，正值國民黨內部革故鼎新那樣特殊的時期，他的書，必然會透露出它應有的特殊精神與意義來。至少在此時期，所謂國民黨之痛定思痛，內部改造的一番經過，此後國民黨全部的新精神及其新路向，在一位身預其中樞重任的作者，雖說是記載往事，而材料之取捨詳略，筆法之輕重予奪，一切的一切，將無可掩飾地流露出許多不言而著的消息來。因此張先生此書，其本身即是一部重要的史料。不僅在國民黨內部必會重視此書，即國民黨外部，不僅爲要知道國民黨以往的歷史，並要注視國民黨此後之新精神與新路向者，亦必重視此書。正因爲是國民黨內部重要人寫的黨史而更增其重要性。同此理由，將來的史家，亦必重視此書，認爲是此刻一部重要的史料，將可據此來推論當前國民黨的一切內部改造的精神意識方面的好材料。則此書無論當作官史看，抑當作私史看，將同樣不能剝奪它如我上述之重要性。

至於此書搜羅材料之周備，闡發主義之詳明，及其筆法之流利而明淨，敍述之縝密而生動，那是作爲一個史家著述例有之能事，因此我也不想從此等處來特加以稱述。

（本篇約成於一九五二年）